Bullying

José Ramón Ubieto (*ed.*)
Ramon Almirall, Lourdes Aramburu,
Lidia Ramírez, Enric Roldán, Francesc Vilà

BULLYING

Una falsa salida para los adolescentes

© José Ramón Ubieto (*ed.*), Ramon Almirall, Lourdes Aramburu, Lidia Ramírez, Enric Roldán, Francesc Vilà

© De la imagen de cubierta: Eugenio Marongiu / Shutterstock.com

Montaje de cubierta: Silvio Aguirre García

Corrección: Marta Beltrán Bahón

© 2016, Nuevos emprendimientos editoriales, S. L., Barcelona

Primera edición: enero de 2016, Barcelona
Segunda edición: abril de 2016, Barcelona

Derechos reservados para todas las ediciones en castellano

Preimpresión: Editor Service, S.L.
Diagonal, 299, entlo. 1ª
08013 Barcelona

ISBN: 978-84-944424-6-9
Depósito Legal: B.9074-2016

Impresión en España por Ulzama
Printed in Spain

Queda prohibida la reproducción parcial o total por cualquier medio de impresión, en forma idéntica, extractada o modificada, de esta versión castellana de la obra.

Ned Ediciones
www.nedediciones.com

Índice

Autores... 8
Agradecimientos.. 9
Prólogo 11
    I. Introducción.. 15
    II. Tener un cuerpo... 25
    III. ¡Todos víctimas!.. 35
    IV. La satisfacción de mirar................................... 49
    V. Encontrar una identidad sexual 57
    VI. La escena: acosador/acosado/testigos...................... 67
    VII. Docentes y padres: ¿adultos difuminados?................. 93
    VIII. Respuestas al acoso..................................... 113
    IX. Los «deberes» de la escuela y de la red profesional........... 139
Conclusiones y recomendaciones................................. 147
Bibliografía.. 153

Autores

José Ramón Ubieto. Psicólogo clínico y psicoanalista. Miembro de la Asociación Mundial de Psicoanálisis y de la Escuela Lacaniana de Psicoanálisis. Colaborador docente de la UOC.

Ramon Almirall. Psicólogo. Asesor psicopedagógico y Terapeuta familiar. Profesor UB y Director adjunto revista *Ámbitos de psicopedagogía y Orientación* ÀÁF.cat.

Lourdes Aramburu. Psicóloga especialista en Psicología clínica. Psicóloga de Servicios Sociales Básicos de Barcelona. Terapeuta familiar. Docente de la Diputación de Barcelona en el ámbito de Bienestar social.

Lidia Ramírez. Psicóloga clínica y psicoanalista. Miembro de la Asociación Mundial de Psicoanálisis y de la Escuela Lacaniana de Psicoanálisis.

Enric Roldán. Maestro. Ha sido Profesor de Matemáticas en el Instituto Rubió i Ors de l'Hospitalet de Llobregat.

Francesc Vilà. Psicoanalista. Director Sociosanitario de la Fundación Cassià Just. Miembro del Consell Assesor de Salut Mental i Addiccions del Departament de Salut de la Generalitat de Catalunya.

Agradecimientos

En primer lugar queremos agradecer a todos los chicos y chicas, padres, madres y docentes que han participado activamente en los grupos de discusión o en entrevistas a título individual. Sus testimonios han resultado claves para la puesta a prueba de las hipótesis de trabajo.

Agradecer también a los diferentes centros educativos e instituciones que nos han facilitado el contacto con los participantes: Escola Virolai, Fundació Adsis, Institut Ferran Tallada, Institut Manuel Carrasco i Formiguera i Institut Oriol Martorell (Barcelona); Escola Pia (Igualada), Fundació LLindar (Cornellà de Llobregat), Institut Bellvitge (L'Hospitalet de Llobregat) i Institut Celestí Bellera (Granollers).

Agradecer la colaboración de los siguientes profesionales: Juan Carlos Arévalo, Eugenio Díaz, Elvira Duran, Begonya Gasch, Andrés González Bellido, Benet Martín, Raquel Martínez, Vidal Melero, Àngels Melgosa, Susana Plata, Miriam Perez, Mónica Pons, Miriam Redondo y Coral Regi por sus comentarios y observaciones precisas.

Finalmente, nuestro agradecimiento a Joan Subirats por su lectura atenta del texto y por el magnífico prólogo que nos ha regalado.

Prólogo

El que un grupo de expertos conocedores del *bullying* o acoso escolar me pidan que introduzca su magnífico libro sobre el tema, sólo puede justificarse por el hecho de que piensan que mi aportación puede complementar o enmarcar de manera más general sus importantes y bien atinadas observaciones y recomendaciones. Si bien generalmente se admite que situaciones que hoy calificamos de *bullying* han existido siempre en escuelas e instituciones educativas, lo «nuevo» sería su volumen, intensidad y la existencia de nuevos medios para trasladar y desplazar fuera de los espacios tradicionales los mecanismos de acoso, degradación y sufrimiento que padecen algunos adolescentes en su trayectoria formativa. Ello explicaría que esa temática desborde el campo más específico de los psicólogos, pedagogos y demás especialistas en el tema, para convertirse en un tema que afecta e interesa a amplias audiencias.

¿Cuáles serían los elementos que nos pueden explicar esa mayor visibilidad y gravedad de un tema al que hace unos años no concedíamos una especial atención? De entrada, existiría un argumento que podríamos considerar no específico, que sería el que hoy en día, temas que antes formaban parte de la esfera de lo privado, de lo estrictamente familiar o personal se han convertido en espacios de atención social e institucional más habituales. Temas como los de la violencia sobre las mujeres, los desajustes alimentarios o los acontecimientos vinculados con el suicidio o la eutanasia, por citar sólo algunos, son hoy objeto de atención habitual en medios y en debates públicos, sin que podamos afirmar que constituyen una novedad en las relaciones y dinámicas sociales. En cada una de esas problemáticas o situaciones se conforman comunidades epistémicas y/o de personas y grupos afectados que tienden a promover su mayor visibilidad, analizan las causas y promueven acciones remediales o de denuncia de lo que acontece, reclamando así una mayor presencia del asunto en la agenda pública e institucional. Por otro lado, se produce también una rápida especialización que si bien ayuda a contextualizar el fenómeno, a dimensionarlo y entender su ecología, puede también contribuir a difuminar fronteras, especializar y estigmatizar perfiles e incluso a contribuir a su equívoca difusión. Por otro lado, y en este caso de manera singular, la rápida proliferación de Internet en su vertiente más doméstica e individual (acceso generalizado a ordenadores, *smartphones*, etc.) ha permitido que de manera en muchos casos anónima, se alimenten y se profundicen y amplíen las situaciones anómalas, trasladando la presión y el acoso a cualquier lugar, momento y situación.

En el caso que nos ocupa, el libro que tengo el honor de prologar va bastante más allá de lo que sería un libro divulgativo o un mero documento descriptivo que pudiera generar errores o falsas popularizaciones. Se trata de un trabajo serio, riguroso y al mismo tiempo explicativo y clarificador, perfectamente puesto al día, y por tanto absolutamente consciente del nuevo entorno tecnológico en el que situar definitivamente este tipo de disrupciones de la trayectoria vital de adolescentes y jóvenes.

Hay muchos elementos en el texto que nos permiten relacionar con acierto los casos concretos que se describen o que podemos tener en mente, con las categorías analíticas necesarias para poder enmarcar esos casos y situaciones en un marco explicativo coherente y al mismo tiempo diverso y plural. Ya que, a diferencia de otros textos escrito a varias manos, no estamos ante un conjunto de ensayos más o menos bien relacionados entre sí, sino que se trata de un texto único, plural y diverso, pero trabajado y firmado colectivamente. Y eso sin duda redunda en ofrecer al lector un cuadro más completo y coherente del conjunto de temas que rodean al *bullying*.

Me interesa destacar la falta de tremendismo y de excepcionalidad con la que los autores plantean el tema, sin que ello implique su desconsideración. Recordemos que hablamos de un tránsito adolescente en el que el descubrimiento del propio cuerpo y del de los que rodean a cada individuo se hace con perplejidad y con la constante interrogación sobre la propia diversidad y la de los otros. Esto, en momentos de difuminado de fronteras y constantes interro-

Prólogo

gaciones de la sociedad en general sobre identidad, sexo, género y opciones de sexualidad. Ver, ser visto, aceptar, ser aceptado, los tuyos, los demás, los adultos, los familiares... son acompañantes más o menos activos, más o menos presentes, con los que ir comprobando tu propia normalidad y anormalidad y de los que formar o no parte.

El libro nos ayuda a seguir interrogándonos sobre cómo abordar, aceptar e incorporar la diversidad como valor en un entorno y en unas prácticas que han hecho de la estandarización y de la homogenización fordista y burocrática un recurso con el que simplificar y evitar itinerarios más costosos de personalización y de reconocimiento. Es más fácil, como bien apuntan los autores, buscar acomodo a esas disrupciones en el refugio que da el sistema sanitario y su tipología creciente de desórdenes mentales o en la respuesta aparentemente contundente de la judicialización.

En el libro se repasan caminos, procesos, líneas de respuesta que tratan de mejorar la convivencia y de ofrecer maneras de acompañar, de estar presente, de no dejar solos a los que más padecen esos procesos de transición, esos ritos de paso. No parece posible conseguir que ese tipo de situaciones dejen de darse. Forman parte de dinámicas que podemos considerar hasta cierto punto normales, pero que no por ello nos han de dejar insensibles o reducir nuestra reacción a dinámicas estrictamente terapéuticas o punitivas. Lo que se plantea es «estar allí», prevenir, «poner el cuerpo» y colaborar desde la lógica del trabajo en red entre profesionales, maestros y familiares en el abordaje de las situaciones que puedan darse. No hay atajos en un escenario de complejidad y de pluralidad de fuentes y ventanas tecnológicas para un tema como éste. Y el libro en este sentido ayuda a formular mejores preguntas y a descubrir mejores caminos de respuesta.

En el fondo, el texto apunta a una lógica ecológica de la respuesta al *bullying*. Es decir, evitar especializaciones terapéuticas que cierren y estigmaticen, y abrir el espacio a que los distintos protagonistas y acompañantes se reconozcan y entiendan que lo que sucede acaba no teniendo sentido y perjudica y degrada a todos. Está en juego el reconocimiento de la diversidad, la fuerza de la autonomía de cada quién y la necesidad de evitar tratamientos homogenei-

BULLYING

zadores en nombre de una falsa igualdad. La dignidad de cada quién es el tema de fondo que los autores nos invitar a contrastar, permitiéndonos adentrarnos en un fenómeno de siempre, hoy teñido de tecnología, opacidad y arriesgada estigmatización. Espero que aprendan tanto como yo lo he hecho leyendo este trabajo comprometido e inteligente.

Joan Subirats
Septiembre de 2015

I
Introducción

El malestar en la infancia toma hoy formas diversas. Algunas son muy «ruidosas» y ponen en juego su reconocimiento, mediante la asignación de una etiqueta psicopatológica como respuesta privilegiada para tratar los factores que lo causan. Es el caso del TDAH (Trastorno por Déficit de Atención con Hiperactividad), el TBI (Trastorno Bipolar Infantil), el TC (Trastorno de Conducta) o el TOD (Trastorno Oposicionista Desafiante), sin olvidar la epidemia del autismo.

En todas ellas vemos cómo el sujeto queda mudo, oculto tras la nominación que pretende absorberlo en categorías pseudocientíficas. De este modo parece fácil dominar lo que ocurre, controlarlo y ofrecer seguridad. Al tiempo, este encasillamiento es también una manera de impedir que el ser hablante testimonie de ese padecer y, al adoptar el discurso *prêt-à-porter* —igual para todos—, vele así su singularidad, aquello que le es más propio. Esta operación se refuerza con la medicalización creciente de la infancia en el abordaje de estas dificultades.

Los efectos de atrincheramiento (*entrechment*) del sujeto, de pegoteo con esa categoría descriptiva que parece definirlo, y sus beneficios secundarios son evidentes. Hoy vemos cómo muchos de ellos hacen un uso propio (*off label*) de la etiqueta, subvirtiendo así la homogeneización que la propia clase comporta y que lleva implícita la segregación (Laurent, 2014). Hay niños y adolescentes que se presentan diciendo «soy un TDAH» sin creer demasiado en ello pero sabedores que eso puede calmar a padres y docentes. Otros se presentan como maltratados o abusados, sin serlo, para reclamar la atención sobre algo que les inquieta. Es el caso de una adolescente que denuncia ser víctima de abusos sexuales del padre para, de esta manera, activar un protocolo institucional que descubre, finalmente, que era la madre quien «abusaba» al traer a su casa a amantes cuando el marido no estaba y los hijos presenciaban esos encuentros.

La patologización de muchas de estas conductas, por otra parte, genera un temor a la desaparición como sujeto, que lleva a reaccionar con violencia a su borramiento debajo de las siglas. Cuando alguien es reducido a la categoría, considerado como un código de barras, un epígrafe de una clasificación, hace efectiva su protesta por el boicot terapéutico, la falta de adherencia al tratamiento o directamente la violencia hacia los profesionales y los adultos.

Junto a estas clases que categorizan (Goodman, 1990) hay otras más discretas y silenciosas donde el sufrimiento del sujeto queda oculto en la cifra negra de su contabilidad (Ubieto, 2011). Una de las más importantes es el acoso escolar (*bullying* en inglés), al que ahora se suma el ciberacoso. Es sin duda la manifestación de la violencia escolar más importante tanto por el número de episodios registrados como por las consecuencias que implica (McDougall, 2015). Los expertos cifran en un 16% la situación de casos de acoso que no se conocen. Entre ellos se encuentra el 95% de los casos graves que terminan en cuadros depresivos graves o suicidios.[1]

Las cifras globales varían de un país a otro pero en todo el mundo occidental parece observarse un aumento en los últimos años. La tasa de prevalencia oscila, pero hay consenso en que se trata de cifras en crecimiento, como recuerda la profesora, y experta en el tema, Rosario Ortega. Hasta el punto —añade— que un 80% de la gente recuerda un episodio vivido de acoso, sea como agresor, víctima o testigo (Ortega, 2010). En el gráfico siguiente observamos datos recientes (2012) de la prevalencia en Euskadi, que oscila entre el 14-21% dependiendo de si se trata de los primeros cursos de la ESO o los últimos de primaria.[2]

---

1 Véase el reciente relato de Nora Fraise «Marion. 13 ans pour toujours» (2015, ed. Calmann-Lévy) que habla del suicidio de su hija Marion, de 13 años, tras una dura experiencia de acoso escolar.
2 Estos datos resaltan que durante los siete últimos años ha habido un incremento mayor del acoso en primaria que en secundaria. Consultado el 28/5/2015, http://www.isei-ivei.net/cast/pub/bullying2012/Informe_Ejecutivo%20_maltrato2012.pdf

Introducción

ISEI.IVEI	
EL MALTRATO ENTRE IGUALES EN EUSKADI.	Informe ejecutivo 2012

Evolución del índice general de maltrato en el 3er. ciclo de Educación Primaria y en ESO

	2005	2006	2007	2008	2009	2010	2011	2012
3er. Ciclo Primaria	11,9			10,6	11,9			14,6
ESO	17,7			15,5	16,9			21,0

En nuestro trabajo no abordaremos el fenómeno por sus cifras, tarea que dejamos a otros estudios ya existentes y bien documentados. Nos interesa más captar la subjetividad que se pone en juego en la escena del acoso, tanto por parte de los acosadores como de las víctimas, los testigos o los adultos (padres y profesores).

Para nosotros el *bullying* es una manifestación de crueldad entre iguales que tiene algunas características que lo hacen específico, y al tiempo lo convierten en la forma de violencia más temida por los propios afectados y el grupo (Olweus, 2006). Pero ante todo es un síntoma relacionado con esa «delicada transición» (Lacadée, 2010) que implica el tránsito adolescente entre la pubertad y la juventud. Es por eso que este libro trata sobre el *bullying* pero principalmente sobre los adolescentes y el uso que hacen de esta manera sintomática de defenderse de los *impasses* de este viaje hacia el mundo adulto.

BULLYING

La irrupción del cuerpo púber, con su correlato sexual y sobre todo con la perplejidad emergente, deja al sujeto falto de significación y sin palabras. Ese desamparo produce, como defensa sintomática, falsas salidas como es el acoso. Falsa salida porque es la imputación al otro, tomado así como chivo expiatorio, de ese enigma inquietante que perturba el cuerpo y la imagen del púber, hoy precozmente sexualizado. Baste como ejemplo de esta precocidad el reciente dato de la ONU según el cual los chicos de 12 a 17 años son el grupo que más porno consume en la red.[3]

El acoso surge pues en la primaria y continúa en la secundaria para declinar hacia los 16 años. Los primeros episodios de intranquilidad y nerviosismo (pequeños golpes, patadas, empujones y conductas de ninguneo) se registran en 3º de primaria, donde a veces se viven como conductas propias de la edad, con lo que se genera una cierta normalización. Se trata en este primer tiempo de un instante de ver, siguiendo la lógica del tiempo que plantea Lacan (1971 a). A veces se trata de una mirada, de un ruido, de un gesto, de una postura, de unas pocas palabras deshilvanadas. Algo que queda en suspense, que se ha iniciado y a la vez se ha detenido.

Luego deviene la latencia o su imposibilidad, un tiempo para comprender eso que ha surgido a veces como un suceso imprevisto. Los últimos cursos de primaria (5º y 6º) hacen más evidentes conductas que delatan que algo ha quedado en suspenso, pero también permiten que otras desaparezcan o no alcancen consistencia.

La pubertad, cuando no concluye, puede eclosionar como relaciones de acoso que se visibilizan, con acento sexual casi siempre, en el primer ciclo de la ESO. Se calcula que el 90% de los episodios de acoso escolar en la secundaria se iniciaron en primaria.

Este signo de erotización es clave para definir el acoso y por eso no podemos nombrar como tal a conductas de rivalidad o de marginación pun-

---

3 Unwomen, «Cyber violence against women and girls», septiembre de 2015, Nueva York. Consultado el 30/9/2015, http://www.unwomen.org/en/digital-library/publications/2015/9/cyber-violence-against-women-and-girls.

Introducción

tual, que a veces ya aparecen en la primera infancia y que en ocasiones son nombradas como acoso. Hablar de acoso implica tres factores que deben estar presentes: que haya una intencionalidad clara por parte del agresor, que exista una continuidad que vaya más allá de una agresión puntual y que exista un desequilibrio claro entre agresor y víctima que impida a ésta defenderse.

La clave de bóveda de esta crueldad es la imposición de una ley del silencio que perpetúa el patrón de dominio-sumisión de esta «extraña pareja» que analizaremos más adelante. Esta ley del silencio incluye a padres y docentes que, en muchas ocasiones, ignoran o no ven el fenómeno, lo cual revela la importancia de la cultura entre iguales en este momento vital preadolescente.

Las prácticas de acoso se deslizan ocultas a ojos del adulto, buscando su clandestinidad en los rincones de los patios y en los WC, fuera de la mirada adulta. Paradójicamente, su existencia requiere que sea perfectamente visible a ojos de los iguales. La escena del acoso es comparable a las empresas *offshore* de la economía globalizada.[4] Se realiza en un espacio y un tiempo de zona franca, en la frontera del mundo escolar al que pertenece. Romper el silencio es transgredir cierto código de honor adolescente y eso no suele quedar sin efectos para el delator (Bellon, 2010).

Calibrar los efectos del acoso sobre los sujetos, acosadores y víctimas implica partir de la tesis de que el trauma se mide por la lectura *aprés-coup* (a posteriori) que cada uno hace de él, la significación y el goce asociado. Es decir, no se trata tanto del hecho en sí sino de la lectura que cada uno hace de ese hecho, y de cómo puede integrarlo en su realidad psíquica o queda como un hecho sinsentido, no elaborado, por tanto. Sabemos que hechos traumáti-

---

4   *Offshore* u *offshoring* es un término del idioma inglés que literalmente significa «en el mar, alejado de la costa», «ultramar», pero es comúnmente utilizado en diversos ámbitos para indicar la deslocalización de un recurso o proceso productivo. Muchos tiempos de convivencia escolar como el tiempo del mediodía son espacios alejados del tiempo sagrado de las aulas, alejados del orden educativo sostenido por los maestros, y en ellos la lógica del *bullying* se impone de manera feroz.

cos, aparentemente muy graves, pueden dejar pocas secuelas en un sujeto al haber podido integrarlos y haberles dado una significación, En cambio otros, aparentemente menos graves, al no poder hacerse el duelo por la pérdida que implican, permanecen vivos en el psiquismo del sujeto y sus secuelas pueden alargarse en el tiempo.

La fenomenología, constatada en los centros educativos y en la práctica clínica, muestra una variedad de síntomas físicos: dolores de cabeza, estómago, espalda, fenómenos de vértigo y de malestares psicológicos: malhumor, irritabilidad, soledad, nerviosismo, impotencia, tristeza, ansiedad. Esta fenomenología enseña que lo que no se elabora como un relato —asunción subjetiva y significación de lo sucedido en la escena del acoso— retorna de manera ruidosa, ya sea desde el cuerpo sufriente o como tendencia a la inhibición o al acto compulsivo, que en ocasiones puede concluir en un acto suicida.

Claves de la actualidad del *bullying*

El *bullying* es además un síntoma social que forma parte del malestar en la civilización. Analizarlo implica tomar en cuenta dos ejes: aquello que aparece ligado al momento histórico donde emerge y lo atemporal: aquello que lo conecta con el pasado y con las razones de estructura. En el caso del *bullying* lo que no cambia, aquello que permanece fijo, es la voluntad de dominio y la satisfacción cruel que algunos sujetos encuentran al someter a otros a su capricho para así defenderse del desamparo ante lo nuevo. Otros «merecedores» de odio por ser diferentes. Eso ha existido siempre como el ejercicio del matonismo en la escuela, fundado en el goce que proporciona la humillación del otro, la satisfacción cruel de insultar y golpear a la víctima. La mayoría de los padres y madres que hemos entrevistado han presenciado o han sido objeto o autores de diferentes formas de acoso hacia otros niños.

¿Qué habría de nuevo en nuestra época para explicar las formas actuales que toma este fenómeno? Sin ánimo de exhaustividad, podemos aportar cuatro causas a considerar:

Introducción

1. El eclipse de la autoridad encarnada tradicionalmente por la imagen social del padre y sus derivados (maestro, cura, gobernante). No se trata tanto de ausencia de normas —«haberlas, haylas»— sino de valorar la autoridad paterna por su capacidad para inventar soluciones, para transmitir un testimonio vital a los hijos, a esos que como Telémaco, hijo de Ulises, miran el horizonte escrutando la llegada de un padre que no acaba de estar donde se le espera, para acompañar al hijo en su recorrido y en sus *impasses*.
2. La importancia creciente de la mirada y la imagen como una nueva fuente privilegiada de goce en la cultura digital. Ante eso se trata de no quedar al margen como un «friki» o un «pringao». Junto a la satisfacción de mirar y gozar viendo al otro-víctima hay también el pánico a ocupar ese lugar de segregado, de allí que los testigos sean muchas veces mudos y cómplices.
3. La desorientación adolescente respecto a las identidades sexuales. En un momento en que cada uno debe dar la talla, surge el miedo y la tentación de golpear a aquel que, sea por desparpajo o por inhibición, cuestiona a cada uno en la construcción de su identidad sexual.
4. El desamparo del adolescente ante la pobre manifestación de lo que quieren los adultos por él en la vida y la subsecuente banalización del futuro. Esta soledad ante los adultos y la vida supone una dificultad no desdeñable para interpretar las fantasías y las realidades que pueden llevar al extravío y a la soledad. Entre los refugios encontrados en los semejantes, la pareja del acoso es una solución temporal.

Estos cuatro elementos convergen en un objetivo básico del acoso que no es otro que evitar afrontar la soledad de la metamorfosis adolescente y optar por atentar contra la singularidad de la víctima. Esta «fórmula» genera un tiempo de detenimiento en la evolución personal. Elegir en el otro sus signos supuestamente «extraños» (gordo, autista, torpe, desinhibida...) y rechazar lo enigmático, esa diferencia que supone algo intolerable para cada uno, es una crueldad contra lo más íntimo del sujeto que resuena en cada uno y cuestiona nuestra propia manera de hacer.

BULLYING

El *bullying* genera, en su tipología ideal, una extraña pareja que comparte una experiencia siniestra: los signos extraños no son ajenos a ninguna de las partes, suenan a familiares. Tornan a cada componente de la pareja del *bullying* solidario con el otro. Este malentendido inconsciente que empareja al elemento actuador (agresión) con el inhibido (falta de respuesta del agredido) reclama ser elaborado, más allá del trabajo de evitación de las conductas, en un relato comprensible. La polaridad entre la actividad del acosador, que apunta a algo del acosado que flojea, y la inhibición de éste es una clave esencial en la lectura de la fenomenología del acoso.

Esta hipótesis explicaría dos fenómenos relevantes: la colaboración muda de los testigos que se aseguran así no ser incluidos en el bando de las víctimas, y el hecho de que el acoso se manifiesta en conductas de humillación y aniquilación psicológica del otro, más que en agresiones graves o abusos sexuales, que por otra parte resultan más difíciles de ocultar.

El libro que aquí presentamos es el resultado de un proceso de trabajo interdisciplinar llevado a cabo por un equipo de profesionales de la atención social, la educación y la salud. Para ello hemos revisado la literatura anterior sobre el tema, hemos formulado hipótesis de trabajo nuevas y hemos mantenido conversaciones con alumnos, padres y docentes para verificarlas o, en su caso, añadir otras nuevas. Este trabajo ha incluido la participación activa de 38 alumnos y alumnas de Institutos y centros de formación, 12 madres y padres y 13 docentes. A estos datos y reflexiones se añaden las extraídas de nuestra propia práctica como clínicos, profesores, psicopedagogos y profesionales de la intervención social a lo largo de las últimas tres décadas.

La participación de los alumnos/as se ha realizado de manera individual (entrevistas en profundidad a seis adolescentes) y grupal (cuatro grupos de discusión en diferentes centros educativos y de medio abierto). La elección de los participantes ha respondido al criterio de chicos/as que hayan vivido directamente (acosadores, acosados o testigos) experiencias de acoso escolar y estuvieran dispuestos a testimoniar de ellas. Su colaboración y excelente disposición, al igual que la de los padres y docentes, ha resultado crucial para la buena marcha del trabajo.

Introducción

La participación de los padres la hemos organizado también en forma grupal (grupo de discusión con seis madres) y en forma individual (entrevistas a cinco madres y un padre). Hay una gran predominancia del discurso materno, tanto en la presencia en las entrevistas y grupo como en la implicación de las madres en el afrontamiento del problema. Se han mostrado altamente motivadas ante la idea de poder ayudar a otros padres. Ellas señalan, en todos los casos, que estuvieron muy perdidas y desorientadas ante lo que debían hacer. Son madres y padres que han sufrido mucho y durante varios años.

En lo que respecta a los docentes, se ha realizado un grupo de discusión con la presencia de diez docentes de diferentes centros educativos y se han mantenido entrevistas individuales con tres educadores de medio abierto.

Somos conscientes de las muchas lagunas y temas que no hemos podido abordar, entre ellos uno muy importante como el ciberacoso, que requeriría un estudio específico, pero esperamos que nuestras reflexiones y nuestras recomendaciones sean de utilidad para abordar una problemática cada vez más candente y que comporta un elevado sufrimiento para muchos de estos chicos y chicas.

Hemos focalizado también nuestra atención en adolescentes estudiantes de ESO, siendo conscientes que el fenómeno del acoso se inicia, generalmente y como muestra el gráfico anterior, en los últimos cursos de la primaria. Dicho esto conviene señalar algunas particularidades al respecto. Las manifestaciones del acoso en el final de primaria tienen un carácter menos erotizado, menos violento y con menos polarización de las posiciones en la clase, si bien su lógica es similar: acoso y marginación del alumno/a «elegido» como chivo expiatorio por cualquiera de las razones que luego detallaremos.

II
TENER UN CUERPO

«Por las mañanas, su cuerpo se despierta mucho más temprano que ella. La boca se le abre ante el cepillo de dientes. Las manos le hacen la cama. Las piernas la llevan hasta el instituto… A veces se queda de pie en medio de la calle, preguntándose si no es sábado. Planteándose si de verdad tiene que ir al instituto. Pero es curioso, sus piernas siempre tienen razón. Llega al aula correcta el día correcto a la hora correcta. Su cuerpo se las apaña bien sin ella».

Asa Larsson, Aurora boreal

El *bullying* es un cuerpo a cuerpo, no es una *disputatio* entre ideas. Pone en primer lugar y en el centro de la escena el cuerpo púber golpeado, humillado o acosado. Es por ello que hemos querido iniciar el libro con una reflexión sobre qué quiere decir hoy, en la hipermodernidad, tener un cuerpo, y especialmente cuando se trata de adolescentes. ¿Cómo se hacen ellos ese cuerpo que tienen, cómo lo manipulan?

Si la represión que regía la modernidad volvía el cuerpo pesado, atrapado entre las reglas victorianas, el mundo líquido contemporáneo presenta a las adolescencias con nuevos perfiles, diferentes de aquellos engendrados en la modernidad por el velado del sexo y sus prohibiciones. El mundo de hoy es un mundo ganado gracias a las batallas libradas por los adolescentes del pasado, marcados por los ideales liberadores —apoyados en Freud— de las costumbres y de las cortapisas sexuales. Los jóvenes de hoy viven liberados de censuras intelectuales y tabús sexuales. Están en un mundo predispuesto a que los jóvenes «gestionen» su libertad para pensar y, sobre todo, para hacer. Y la contrapartida se presenta en forma de paradoja: las incertidumbres y riesgos florecen por todas partes.

Estos aires de permisividad, sumados a las tecnologías del conocimiento y la comunicación, dan lugar a nuevos estilos de vida donde la emoción del espacio y la aceleración del tiempo son centrales. Evocan imaginarios explosivos (*Nothing is impossible*) que inundan lo que encuentran a su paso y desbordan las costumbres del pasado. Desregulan los mundos familiares, escolares y laborales. Da la impresión de que todo es fluido y que el caudal que acumula arrastra lo que entorpece su curso. El obstáculo hoy no está en la sexualidad, no se trata ya del autoritarismo de *El florido pensil* ni de la culpabilidad que destilaban novelas adolescentes como *La vida sale al encuentro*.[1] Hoy, el muro que saltar se concentra en la densidad del cuerpo y la incredulidad respecto al otro adulto. La levedad del ser, ese «todo está permitido», no parece una solución liberadora como se esperaba, devuelve más bien el peso del cuerpo como algo con lo que cargar.

Hacerse un cuerpo

Habitar el propio cuerpo siempre plantea dificultades. El cuerpo no es nunca algo completamente familiar, ya que en muchas ocasiones se nos hace presente bajo la forma de una alteridad: como si lo que le pasa (dolores, fenómenos) fuese ajeno a nuestra conciencia y a nuestro control. Como si algunos órganos, tal como sugiere la cita de Asa Larsson y como sucede en algunos síntomas de conversión (parálisis, inhibiciones, rigideces), parecieran tener vida propia. Lacan lo anticipaba en 1967, cuando en una de las clases de su seminario decía «El Otro, en última instancia, y si ustedes todavía no lo han adivinado, el Otro, tal como allí está escrito, ¡es el cuerpo!» (Lacan, 1967).[2]

---

1 Famosa novela de José Luis Martín Vigil, jesuita y escritor de gran éxito en las décadas de 1960 y 1970, durante la dictadura franquista. Sus novelas giraban en torno al descubrimiento sexual de los adolescentes, teñido siempre de inquietud y fuertes sentimientos de culpabilidad.
2 Clase del 10 de mayo de 1967.

Tener un cuerpo

Obtenemos un placer mirando películas donde los protagonistas disfrutan a su vez, comiendo, saltando, practicando deporte o simplemente haciendo el amor. La imagen nos cautiva y la facilidad con la que esos cuerpos se mueven nos aligera. Lo que olvidamos, y esa es la ilusión óptica de la pantalla, es que se trata de imágenes desprendidas, en cierto modo, de lo real del cuerpo. Son cuerpos-imágenes sin necesidades ni dolores ni tensiones, cuerpos que parecen estar bajo control.

Lacan (2006) decía que el sujeto, como ser hablante, adora su cuerpo porque es su sola consistencia y cree tenerlo, aunque se le escapa muy a menudo. En algunos momentos, especialmente en la salida de la pubertad hacia la adolescencia, esa extrañeza se aumenta porque los signos del cuerpo aparecen erotizados y se acompañan de preguntas para las que no tenemos respuesta. La extrañeza aparece pues ligada a una falta de saber, a una ausencia de significación ante eso (excitación) que irrumpe en lo real del cuerpo.

También en otras circunstancias como el posparto puede surgir la extrañeza (sentimientos de despersonalización) ante el cuerpo que ha experimentado una pérdida en lo real. O incluso en circunstancias traumáticas (accidentes o catástrofes graves), donde se ha producido una alteración significativa de las coordenadas espacio-temporales (desubicación a causa del *shock*) y hay una pérdida del *locus control*.

De entrada cada uno de nosotros pensamos el cuerpo como una proyección de nuestro yo unificado y sostenemos la ilusión de que nuestros órganos responden a funciones claras. Además nos creemos, como consciencia, el centro y la consistencia de ese organismo. La realidad es que siempre necesitamos un principio de articulación para pasar de un estado inicial, en el que, como bebés, no somos más que un organismo sin una referencia central, sin un esquema corporal propio, a un cuerpo que implica la articulación de los tres registros: Real, Simbólico e Imaginario (RSI). Es preciso que la imagen del cuerpo (esquema corporal), las coordenadas simbólicas (tiempo, espacio, cánones) y lo real del cuerpo (afectos) se anuden.[3]

---

3   La primera idea de Lacan (1976), descrita en su texto sobre el estadio del espejo, es que nuestra imagen es del otro, está fuera del cuerpo, e implica una tensión especular (de tipo

BULLYING

Podemos decir, por tanto, que lograr esa consistencia (corporal) es una tarea permanente para la que el sujeto tiene a mano recursos diversos. Algunos clásicos implican una disciplina constante del cuerpo en base a ideales educativos, religiosos, saludables o estéticos. Otros más modernos incluyen la ayuda de los tóxicos (drogas, fármacos, anabolizantes...) a modo de prótesis para sostener el cuerpo alicaído o que necesita rendir al máximo. Finalmente, no hay que olvidar la escena pública como un modo de regular el cuerpo a través de la mirada social, que nos devuelve un patrón (canon) y una referencia imaginaria: moda, tatuajes, *body art*. Ese famoso «el qué dirán», ese estar pendientes de la mirada del otro, es también una fórmula, importante para muchas personas, para «hacerse» un cuerpo y habitarlo con cierta tranquilidad.

Hoy las patologías del cuerpo muestran cómo el énfasis tradicional de la palabra que lo disciplinaba, en nombre del ideal (*mens sana in corpore sano*), va dejando paso a otra disciplina, la de las marcas corporales (escoriaciones, incisiones, tatuajes, *piercings*) o estéticas (ropa, peinado, colgantes). La nueva pareja hoy es el cuerpo y sus objetos, que sustituyen la relación privilegiada del sujeto de la modernidad y sus ideales de progreso. Cada vez nos hacemos más

paranoide) que requerirá del registro simbólico para hacerse un cuerpo. Esa imagen, que tomamos del otro, recubre la falta de maduración, el hecho de que somos una especie prematura que no sobreviviría sin los cuidados del otro, y eso nos hace idólatras de esa imagen de completitud que captamos en la imagen del otro o en la nuestra reflejada en el espejo como si no fuera nuestra, como si fuera otra. En un segundo momento, Lacan funda esa unidad corporal en la metáfora paterna a la que llama el Nombre del Padre. Ella introduce un orden en el cuerpo que implica una pérdida de goce: el sacrificio que toda educación exige al sujeto para que pueda estar con otros. Desde el control de esfínteres hasta los hábitos y rutinas escolares les pedimos a los niños sacrificios de su modo «natural» de satisfacción autoerótica para incluirse en la comunidad educativa y en la familia misma. Este sacrificio deja siempre un resto que se resiste a ser educado. El padre, su función, aparece aquí como un elemento tercero, que media entre el sujeto y la comunidad a la que va a inscribirse y pertenecer. La víctima del *bullying* ejemplificaría algo de este fracaso al mostrar las dificultades del acosado, pero también del acosador, para inscribirse y pertenecer a la comunidad escolar. Finalmente, en su última enseñanza, Lacan piensa el cuerpo en sus tres registros (RSI) desanudados y que requieren, por tanto, de un cuarto elemento, al que llama *sinthoma*, que sirve para anudarlos y darle consistencia a ese cuerpo inicialmente fragmentado.

idolatras de la imagen y nuestra relación al cuerpo es así de *Adorpción*, mezcla de adopción y adoración.

El cuerpo contemporáneo de los jóvenes. En el camino de la biopolítica

«No puedo hablar bien. Me pasa desde hace un tiempo. Cuando intento decir algo, sólo se me ocurren palabras que no vienen a cuento o que expresan todo lo contrario de lo que quiero decir. Y si intento corregirlas, me lío aún más, y más equivocadas son las palabras, y al final acabo por no saber qué quería decir al principio. Es como si tuviera el cuerpo dividido por la mitad y las dos partes estuvieran jugando al corre que te pillo. En medio hay una gruesa columna y van dando vueltas a su alrededor, jugando al corre que te pillo. Siempre que una parte de mí encuentra la palabra adecuada, la otra parte no puede alcanzarla (...) Esto nos sucede a todos, le responde él».

Haruki Murakami, *Tokio Blues*

Freud (1981a) usaba, para hablar de los desafíos de las adolescencias, la metáfora del adolescente que debe perforar un túnel en dos direcciones al mismo tiempo para encontrar la salida. Debe perforar el saber de los padres, saber ya caduco e incapaz de dar cuenta de su nueva realidad, y dar respuesta a las exigencias adultas haciéndose un adulto responsable. Al mismo tiempo, y en la otra dirección, debe buscar otro modo de relación con la satisfacción, hasta ahora centrada en los objetos infantiles. El real sexual que se despierta vuelve inútiles esos objetos. El adolescente debe separarse de lo infantil, renunciar al autoerotismo de la fantasía para encontrar un nuevo objeto en el exterior. Pasar de ser el niño deseado por su entorno familiar a un adulto deseante, alguien que debe tomar iniciativas y arriesgar. Eso supone hacerse cargo de su cuerpo.

«Las adolescencias son en cierta medida las respuestas que los jóvenes construyen para tratar lo que del organismo aparece bajo los signos de la pubertad», señala la psicoanalista Susana Brignoni (2015). Respuestas en esa doble vertiente que señalaba Freud: a nivel del cuerpo y a nivel del lazo social, su inscripción en la sociedad. Cuerpo vivo que transita entre lo clandestino y lo cotidiano. Sorprende, ni pasa desapercibido ni se deja asir. Ellas y ellos son los primeros sorprendidos. Tienen un cuerpo y no es fácil saber qué hacer o no hacer con él: se acelera, se frena, se embaraza, se entorpece, se inhibe, se angustia.

La *crisis* adolescente es una manera de decir que ese nuevo real del cuerpo púber esta «desencadenado, imposible de dominar» (Miller, 2008). Antaño sólo la moda ordenaba y tornaba visible el cuerpo. A través de sus cortes, aberturas y pliegues de los vestidos moldeaba cuerpos estáticos, identificados como femeninos o masculinos.

El cuerpo es pues un misterio hablante y hay gustos para todos, unos se quejan, algunos se reivindican, otros se duelen y todos se satisfacen. Los usos y abusos de los cuerpos son el tema repetido en las adolescencias de hoy en día. Si los adolescentes de la modernidad se movían por ideas, tenían una *vocación pensada* y eso los ordenaba y regulaba, los de ahora tienen como brújula principal su cuerpo, la *invocación corporal*. Aquellos y éstos escriben historias diversas porque no es lo mismo ser un pensamiento que tener un cuerpo.

Quizá el gran asunto de las adolescencias contemporáneas es por tanto cómo tener un cuerpo y la pregunta pertinente es ¿qué hacer con él? Parece que su gran reto, a todas luces, sea usarlo. Se encuentran, como inexpertos emprendedores que son, apremiados entre aquello que parece un uso razonable y aceptado socialmente y aquello excesivo que los desborda y parece sin utilidad. Entre el «buen» uso social y la pura satisfacción que les aporta los consumos o las conductas de riesgo a las que se exponen.

Parten de una certeza: tienen un cuerpo pero carecen del control absoluto (Lacan, 1985). El cuerpo es su primer Otro, su alteridad más radical, la más extraña. Ya Freud nos advertía que el cuerpo estaba lleno de orificios (boca, ano, labios, oídos) que se libidinazaban produciendo satisfacción y que es partiendo de ellos como el sujeto hace lazos con el otro. Luego el lenguaje refuerza ese lazo y le da un relato, una narrativa para enmarcar el vínculo.

Las marcas en el cuerpo, los pigmentos que se pegan, los abalorios que se cuelgan, los *piercings* que se pinchan, los pedazos que se recortan, las prótesis que se conectan y se implantan. Todo eso son intentos de establecer ese lazo con el otro y hacerse así un cuerpo. Otros adolescentes, en cambio, prefieren que los medicamentos y tóxicos regulen ese cuerpo extraño y calmen la angustia que les produce un día sí y otro no. Consienten para ello en la medicación que se les propone.

En ese tránsito adolescente se observa cómo el cuerpo es promovido como principal plataforma de consumo. Y ante tal envite, estos jóvenes tienen la impresión de que la lengua de los mayores no ayuda, los códigos adultos no les ofrecen respuestas satisfactorias. La pregunta sobre qué hacer con el cuerpo es acuciante y los instrumentos con los que contaban las generaciones precedentes ya no son los más adecuados.

El manejo de la lengua de los adultos no los hace funcionar en la vida ni en el saber hacer con el cuerpo. Como nos confiesa Paula, adolescente de 15 años, «mi madre habla y parece que no dice nada, suena a falso». Esa lengua adulta no les deja sentir lo auténtico, no les sirve, y tampoco vale la pena perder tiempo en discutir. Los mayores, con sus maneras de hablar y pensar, quieren liar, embrollar, rallar.

La manipulación del cuerpo

El mundo de hoy da, pues, oportunidad a otras adolescencias. El cuerpo que surge de ese encuentro se muestra con un desamparo inesperado. El riesgo, las invenciones y los bricolajes lo acompañan. Los adolescentes viven la libertad en las relaciones personales y sexuales no sin intranquilidad.

La pubertad embutida en una adolescencia temprana vive una eclosión de vida, revuelta con sensaciones de despersonalización y extrañeza ante una realidad nueva experimentada desde el cuerpo. Es por ello que en el acoso, como veremos después, los signos corporales sexualizados cobran un gran valor como motivo de burla o de agresión física o verbal.

BULLYING

El adolescente afronta este cúmulo de experiencias en cierta soledad. El individualismo también suele ser una característica propia de las nuevas adolescencias. Pero no es una soledad en la nada, es una soledad curiosa, compartida con su cuerpo o con una extraña pareja en la que proyecta sus *impasses*. El adolescente contemporáneo se encuentra solo con su cuerpo y sabe, perentoriamente, que tiene que hacer algo con él. Y, efectivamente, como vimos antes, hace con su cuerpo: lo pigmenta, lo agujerea, lo corta, lo golpea, lo escoria, lo recorta, lo opera... Pone y saca del saco.

Con el tiempo sabe que se enfrenta a un cuerpo que habla a su manera, sin sonidos audibles pero que pide sin parar. ¿Qué hacer? ¿Dejarlo hablar o hacerlo acallar? El cuerpo habla de manera singular y conviene traducirlo para orientarse en la vida y en las relaciones con los otros y con el sexo (Ubieto, 2014).

La manipulación del cuerpo combate los conflictos, ya sean los vitales o los relacionales. Es la manera de responder a las demandas del cuerpo cuando no se encuentra una traducción satisfactoria de lo que pide o exige.

Piensan que si manipulan con acierto su cuerpo dejará de ser un saco extraño, un colgajo, y se reconvertirá en una maleta manejable. Una maleta para acarrear, usar o guardar según circunstancias. A veces se cortan o se tatúan para sentirse vivos en el tiempo. Como explica Carles en el documental *Bullying*: «creía que estaba muerto y me cortaba porque si me hacía daño eso quería decir que estaba vivo».[4]

Otras veces se marcan y escorian para identificarse y acomodarse en el espacio urbano de los jóvenes, incorporados al grupo. La marca es así la propia firma, como cuando se factura un bulto en la estafeta de correos o en la sala de embarque del aeropuerto. Estos egos emocionados se transforman en *paseantes* que cargan con la maleta identificada con insignias propias.

En el acoso este cuerpo entra en juego, como propio y como ajeno, para ser manipulado en la escena de la humillación con la ilusión de que la descompo-

---

4   *Bullying* (2015). Reportaje de Roser Oliver y Lluís Armengol emitido en el Programa *30 minuts* de Televisió catalana Tv3. Consultado el 30/09/15, http://www.tv3.cat/30minuts/reportatges/1943/Bullying

sición del cuerpo del acosado, caído, golpeado o turbado, unifique y calme el cuerpo angustiado y el sentimiento de fragmentación de los otros.

Responder, pues, a las exigencias de ese nuevo cuerpo púber obliga a cada cual a encontrar una fórmula para resituarse y habitarlo sin demasiada angustia. Es aquí, en esta búsqueda de la «solución», donde la práctica del acoso al ser y al cuerpo del otro puede devenir una ilusión de dominio del propio cuerpo. Se trata lógicamente de una respuesta necesariamente temporal, que más adelante (juventud) deberá cambiarse y es por eso que el *bullying*, como fenómeno, se circunscribe a un tiempo (tránsito pubertad-juventud) y a un espacio (ámbito educativo).

III
¡TODOS VÍCTIMAS!

Analizar la figura de la víctima del acoso escolar implica contextualizarla en la época y en el discurso dominante a propósito del lazo social. Hoy, ser una víctima tiene unas connotaciones diferentes de las de épocas anteriores y es por ello que nos detendremos en analizar el estatuto contemporáneo de la víctima para, posteriormente, especificar las características de las víctimas del acoso escolar.

Nuestra hipótesis, que ya avanzábamos en la introducción, es que ante el eclipse de la figura del padre y de sus derivados, entre ellos qué duda cabe el maestro, el ejercicio de la violencia pierde su monopolio y pasa a generalizarse entre los iguales. La violencia deja de pivotar alrededor de esa figura central que ordenaba, en un marco simbólico férreo, el lazo social, definiendo bien los lugares. Ahora se extiende en la horizontalidad de los alumnos y todos, maestro incluido, pueden ocupar el lugar de víctimas. Este proceso de transformación social tiene una historia que es la que vamos a tratar de presentar y analizar para entender su incidencia actual en el fenómeno del acoso escolar.

El psicoanalista Jacques Lacan[1] ya nos había advertido en 1938, en su contribución «Los complejos familiares en la formación del individuo», del declive de la imago social del padre: «No somos de aquellos que se afligen ante un supuesto relajamiento del vínculo familiar. ¿No es acaso significativo que la familia se haya reducido a su grupo biológico a medida que integraba los progresos culturales más elevados? Pero un gran número de efectos psicológicos nos parecen derivarse de un declive social de la imago paterna». Alude

---

1 Lacan, J. «Los complejos familiares en la formación del individuo», en *Otros escritos*, Paidós, Buenos Aires, pág. 71.

también a las razones que Hitler esgrimía, en la época, para fundamentar su liderazgo totalitario contrapesando así este ocaso del padre.

Lacan advertía de entrada que él no era un nostálgico del padre, lo que no le impide constatar que este ocaso va parejo a la dialéctica de la familia conyugal y a las nuevas exigencias matrimoniales, muy presentes en la sociedad norteamericana de entreguerras. «Sea cual sea su porvenir —añade— este ocaso constituye una crisis psicológica». Incluso plantea la hipótesis de que el psicoanálisis surge en relación a ese declive. Freud se apoyaría en el padre como referente, en su versión edípica, para reforzar su papel mientras Lacan lo toma por otro sesgo señalando precisamente su inconsistencia.

Años más tarde hablará de la «inexistencia del Otro» para formalizar ese eclipse en el momento en que considera al padre como una función —más que como un personaje— y un semblante. Si en la idea freudiana el padre funcionaba «como el referente civilizador que ordenaba los goces y sostenía la creencia de que se sabía lo que era un hombre y una mujer» (Tizio, 2014), ahora se trata de pluralizar esa función que puede ser ocupada por otras personas o realidades psíquicas.

Todo ello comportó, y sin duda el Mayo del 68 fue una clara manifestación, un cierto relativismo, una deconstrucción de esa figura tradicional del padre como eje normativizante. Ese declive alcanzó como decíamos a otras figuras, semblantes de autoridad, como el político, el cura, el médico o el maestro.

Hoy la preocupación social y profesional por el ejercicio de la parentalidad es un hecho inequívoco de este principio de siglo XXI. En 2006, el Comité de Ministros del Consejo de Europa estableció una recomendación, REC (2006)19, dirigida a los estados miembros sobre políticas de apoyo al «ejercicio positivo de la parentalidad».[2]

---

2 Recomendación Rec (2006)19 del Comité de Ministros del Consejo de Europa a los Estados Miembros sobre Políticas de Apoyo al Ejercicio Positivo de la Parentalidad (adoptada por el Consejo de Ministros el 13 de diciembre de 2006 en la 983ª reunión de los Delegados de los Ministros). Se puede consultar también las diferentes iniciativas en Catalunya que toman como objetivo la Atención a Familias encuadradas en la fórmula institucional (Generalitat de Catalunya) de los SAF.

Se trata, en ese documento, de tomar como eje inspirador el concepto de parentalidad positiva (Rodrigo, 2010) con la doble finalidad de orientar a las familias sobre su acción socioeducativa y, por otra parte, orientar a los gobiernos en el desarrollo efectivo de políticas públicas de apoyo a la familia.

Si tomamos la perspectiva que va desde el final de la segunda guerra mundial, momento en que los estados empiezan a considerar más seriamente sus responsabilidades sobre las políticas públicas en temas de bienestar social y salud, hasta la actualidad, observamos el progreso de una idea sobre qué significa ser padres, que afecta a los roles de género, al ejercicio de la autoridad y a la comunicación intergeneracional (Alberdi, 2007).

La psicología, especialmente la psicología social, ha promovido toda una serie de conceptos claves como «habilidades» o «competencias» parentales. La premisa fundamental que subyace a estas teorías sobre el entrenamiento de las habilidades sociales y/o parentales es, justamente, que la mayoría de los problemas psicológicos y de comportamiento son consecuencia de no poseer o de poseer de una forma insuficiente o inadecuada determinadas destrezas sociales e interpersonales. Hoy proliferan las escuelas para padres e incluso las «universidades» para padres[3] y los programas preventivos (Parazelli, 2010).

Este énfasis en la ausencia de competencias, cuando se plantea como explicación única, ignora que en las decisiones de un sujeto hay una dimensión emocional y una lógica inconsciente muy poderosas. Todos somos hijos de una familia y ese hecho nos marca de manera importante en nuestra condición de padres y madres. Para repetir, para evitar, y también, afortunadamente, para inventar otras fórmulas distintas a las aprendidas o vividas.

Adiós al macho

El análisis de este eclipse de la vieja autoridad patriarcal debe completarse con el de una de sus consecuencias: la crisis del hombre, cuya masculinidad pa-

---

3 La Universidad para padres, animada por el filósofo José Antonio Marina, es un buen ejemplo: http://www.universidaddepadres.es/

rece estar en profunda transformación. El propio Lacan en su Seminario IV sobre La relación de Objeto (1957), se refirió a ello tomando como apoyo el famoso caso Juanito, comentario sobre un niño, hijo de un colega de Freud y afectado por una importante fobia a los caballos.

Lacan toma al pequeño Hans como el paradigma de un tipo de relación sexual marcada por la posición pasivizada del varón, de la que dice que «cualquiera que sea la legalidad heterosexual de su objeto, no podemos considerar que agote la legitimidad de su posición». Remite este tipo sexual al estilo que empieza a ser dominante al final de la segunda guerra mundial donde encuentra «esa gente encantadora que espera que las iniciativas vengan del otro lado». No es que Juanito no se interese por las niñas, lo hace sin duda y de manera caballerosa, pero justamente Lacan resalta la posición pasiva como el dato relevante de su manera de ocuparse del otro sexo, manera nada viril según los cánones establecidos.

Unos párrafos más adelante recomienda, como lectura veraniega, el estudio de Alexander Kojève titulado «Le Dernier Monde nouveau» aparecido en el número de agosto-setiembre de la revista *Critique,* estudio que analiza las novelas de Françoise Sagan *Bonjour tristesse* y *Un certain sourire*, auténticos éxitos de venta en la época. La idea de Kojève es que se trata de un mundo nuevo porque está «completa y definitivamente privado de hombres».

Jacques Alain Miller (2006), en una interesante conferencia titulada «Buenos días, Sabiduría», se apoya en esas lecturas para continuar su reflexión sobre los enigmas de lo masculino. Miller destaca que este adiós al macho, título (*Ciao Maschio*) de la película de Marco Ferreri, no traduce otra cosa sino el empuje a la igualdad de los sexos, al *todos lo mismo* de la pujante democracia americana.[4]

---

4   Otra magnífica película es *À bout de souffle* (*Al final de la escapada*), dirigida por Jean-Luc Godard en su primera incursión en la Nouvelle vague. Jean Seberg y Jean Paul Belmondo interpretan a Patricia, una chica moderna, con estilo a lo *garçon*, llegada a París desde el nuevo mundo de la comunicación —su padre es el propietario de un emporio periodístico en América— y Michel, un apuesto pillo francés. Él quiere resolver el lío policial con muerto incluido que protagonizan de manera patán encamándose una y otra vez con ella. Patri-

¡Todos víctimas!

Hoy, inmersos en la hipermodernidad, esa queja femenina del «¡Ya no quedan hombres (de verdad)!» expresa bien la tendencia, de algunos de ellos, a dimitir de sus labores de sostén de la función paterna y en lo relativo a su relación conyugal. Los datos, crecientes, del consumo de cibersexo en nuestro país, preferentemente por varones entre 35-50 años, son uno de sus índices.

Este declive ha tenido también consecuencias en las mujeres y en los nuevos semblantes de masculinidad y feminidad para ellos y para ellas (Lacan, 1975). En un época de incertidumbres lo único cierto son las paradojas, signo de una nueva era en la que ya no funciona únicamente la lógica que inauguró el régimen patriarcal, donde todo estaba escrito y calculado en una misma clave. «Estamos en la fase de salida de la era del padre y lo femenino toma la delantera a lo viril» (Miller).[5]

El factor más decisivo es el nuevo rol de la mujer que implica nuevas maneras de hacer y sitúa lo femenino como la lógica que mejor convive con las paradojas y la incertidumbre. La lógica masculina, basada en la dominancia de lo fálico, exige la previsión contable, cierto conservadurismo y promueve vínculos jerárquicos. Rechaza la incertidumbre y la sorpresa. La lógica de lo femenino, en cambio, se aviene mejor con la improvisación, la horizontalidad de la red y una identidad en construcción.

Basta echar un vistazo a los recientes movimientos de activismo social y político, a los fenómenos de resistencia activa en los países islámicos, a las propuestas de cambio social, donde el compartir se ofrece como alternativa al

---

cia lo encara diciéndole que tanto le da, que la supeditación a los encantos del macho le importa tres pimientos. Michel, atónito ante la respuesta, se pasa el dedo pulgar por los labios y bebe. Este gesto se convirtió tiempo más tarde en el atractivo principal de los anuncios del «chico Martini». Paradójicamente, el anuncio dejaba entender que la atracción para el espectador del *spot* era la tensión entre los labios y la bebida. ¿La chica era el pretexto que poco a poco desaparecía de la escena o inauguraba otra serie de encuentros?

5 Texto de la contraportada de la edición francesa del Seminario VI El deseo y la interpretación de Jacques Lacan. Consultado el 28/7/15, http://www.lacanquotidien.fr/blog/2013/04/lacan-quotidien-n-318-scoop/

conflicto directo, para percibir que el futuro es y será femenino. El liderazgo y la presencia en ellos de muchas mujeres y hombres que coinciden en no rechazar lo femenino que los constituye, anuncia esta nueva lógica del no-todo fálico, opuesta a la idea de la norma-macho que definiría en exclusiva aquello que es normal para hombres y mujeres. Lógica femenina que se expresa bien en las prioridades, más cercanas al sufrimiento, a lo que no va, a lo que cojea en cada uno y en cada comunidad.

La paradoja, decíamos, es el rasgo propio de la hipermodernidad y por ello este cambio cohabita con el viejo paradigma patriarcal: el totalitarismo en la política y el feminicidio en el ámbito de las relaciones de pareja son sus síntomas más claros.

«Para el hambre que dice usted estar pasando, la veo bastante gordita». Esta frase, dicha en una tertulia televisiva por el periodista Alfonso Rojo a la entonces activista de la PAH Ada Colau, rezuma un evidente machismo, aunque sólo sea por considerar que la «normalidad» de un cuerpo de mujer debería ser la delgadez. Pero además, Colau es una líder social atrevida, que no ha rehuido enfrentarse dialécticamente a hombres poderosos, hecho también poco normal. No se trata de una simple anécdota que condenar, llueve sobre mojado. Las leyes sobre el aborto y la educación, o el auge en Europa de la extrema derecha son otras formas de «normalizar» esos cuerpos femeninos agitados.

Si el régimen del «todo fálico» supone que la mujer quede reducida a su condición de objeto, en la escena sexual y en otros ámbitos de la vida, la propuesta actual redefine los roles y torna problemático el papel del hombre. Para empezar, ya no puede servirse igual de la potencia que le otorgaba esa disimetría y su rol central en la provisión de bienes. Hoy ya no son los hombres los únicos, y pronto dejarán de ser los principales sustentadores de la familia.

Algunos leen este hecho, en su clave fálica, como la consecuencia de un cambio de poder: ahora ellas quieren mandar. Eso les provoca desorientación, inhibición, sentimientos de infantilización. Para otros, el sentimiento de indignación y rabia, mezclado con el afecto depresivo, alcanza formas de odio que llegan al asesinato, tal como muestra la cifra de feminicidios.

¡Todos víctimas!

El duelo de este tiempo que se acaba, difícil para muchos y muchas, se prolongará y en él, mientras tanto, asistiremos a la paradoja del retorno más feroz de modos antiguos que resisten violentamente a un futuro que será femenino.

Inventar una nueva autoridad

Este declive de lo masculino y del régimen patriarcal ha supuesto pues una transformación social bien visible en nuestra época: el cuestionamiento del concepto tradicional de Autoridad, como vector social y relacional ligado a las diferentes figuras del amo. La *auctoritas* (autoridad) se igualaba en el régimen patriarcal a la *potestas* (poder), y ello se sustentaba en las insignias del padre revestido de ese poder-autoridad que la sociedad, en su conjunto, le atribuía. El propio docente no era sino otra figura, presente en el ámbito escolar, a la que se le transfería esa característica. Se le suponía un saber (autoridad epistémica) y al mismo tiempo se observaba su moral (autoridad deontológica) como índice de la conducta a seguir. Hoy en día vemos cómo los sindicatos de enseñanza protestan por la venta del videojuego *Golpea a tu profesor*, donde se muestran diez formas diferentes «de acabar con la vida de un docente de manera violenta».[6]

Lo que nos ha enseñado la clínica y la lectura de los fenómenos de época es que hoy esa autoridad ya no se verifica en el ejercicio del poder sino en la capacidad de invención vehiculada en el testimonio sobre la vida. Frente a la deriva nostálgica de «en otro tiempo pasado había autoridad y las cosas iban mejor» conviene refrescar la memoria e ir a la historia para verificar nuestros «pre-juicios». Así, descubrimos que ya en la Grecia clásica encontramos, en las páginas de *La República* de Platón, su lamento por esa pérdida de autoridad y los anuncios de no pocas catástrofes sobre el futuro de la educación y de

---

6 «Indignación con el videojuego *Golpea a tu profesor*». Consultado el 9/6/2015, http://www.lavanguardia.com/tecnologia/20150610/54432201641/indignacion-videojuego-golpea-a-tu-profesor.html

la familia: «[...] vivimos en un tiempo en que los jóvenes no respetan a sus padres, los tratan mal y los abuelos hacen todo lo posible para contentarlos y evitar así su enfado, no se sabe dónde está la autoridad».

Podríamos citar también a otros autores posteriores (romanos, medievales, modernos) que nos demuestran que esta dificultad para educar siempre estuvo presente. De hecho, si nos parece que cualquier tiempo pasado (nuestra infancia) fue mejor, es porque hasta hace poco la autoridad que tenían los padres sobre los hijos, los maestros sobre los alumnos, los gobernantes sobre los gobernados, se nos confundía con el poder.

La autoridad (*auctoritas*) siempre viene del otro que te reconoce capacidad de mando, te admite como el *auctor* capaz de crear un orden y establecer unas reglas de funcionamiento mientras que el poder reside en la fuerza de imposición o de coacción de aquellos que tienen los atributos (físicos, legales o económicos) para ejercerlo.

De hecho, en ese recuerdo que tenemos, bastaban las insignias del cargo, los galones de ser padre, maestro o jefe para detentar el poder-autoridad. Como explican muchos padres de una cierta edad, bastaba con que tu padre te mirara para que entendieras, sin que mediara palabra alguna, lo que tenías que hacer. La mirada del patrón era como una especie de faro que en la oscuridad orientaba a los marineros.

Hoy, sin embargo, la autoridad no va de suyo. Que el otro te reconozca como padre respetable, maestro válido o gobernante legitimado exige de tu parte un esfuerzo para merecerlo. Aun así siempre es un reconocimiento relativo, no para siempre ni para todo, alcanza lo que alcanza. Puede ser que acepten tus normas para los estudios y las tareas de casa, pero no para indicarles la ropa que se ponen o el peinado que llevan, si se trata de adolescentes.

¿Debemos pensar entonces que estos límites para educar hoy son el signo de un fracaso y que debiéramos esperar un respeto total, sin fisuras, para así considerarnos como padres, maestros o jefes satisfactoriamente evaluados, palabra tan de moda hoy?

Admitamos que cada época tiene sus propios desafíos, su propia manera de hacer y que las dificultades de nuestros padres y nuestros abuelos fueron diversas

¡Todos víctimas!

y seguramente peores que las nuestras, al menos en lo material y en la convivencia (guerra, dictadura). Eso les obligó a actuar con los medios que tenían y en la sociedad en la que vivían. El castigo físico, por ejemplo, era una práctica muy usual en el trato con los menores y también entre los propios adultos: oficial/aprendiz, policía/delincuente, mando militar/soldado, esposo/esposa. Se consideraba como algo legítimo y socialmente admitido, hasta el punto que no fue hasta la caída de la dictadura franquista en nuestro país, que se derogó la normativa que justificaba esa violencia sexual, amén de otras limitaciones de la mujer (imposibilidad de obtener el pasaporte o abrir una cuenta bancaria sin permiso del esposo o del padre).

Todo ello respondía a un modelo de sociedad (autoritaria) y de convivencia basada en el respeto sagrado al poder que tenía su precio subjetivo, especialmente para los más frágiles: mujeres y niños. Juzgar ahora, desde nuestro tiempo, a esos padres y abuelos de manera rígida no sería justo y menos si lo hacemos de manera colectiva, como si ese juicio sirviera para todos igual.

Generar hoy esa autoridad necesaria para ejercer la acción socioeducativa supone entonces partir de que no hay vuelta atrás, que las soluciones fundamentalistas patriarcales, que apuntan a un retorno a un tiempo feliz que nunca existió, marcado por la jerarquía rígida y el pensamiento único, son tan estériles como las soluciones fundamentalistas del objeto, aquellas que confían en los objetos de consumo como la solución para orientarnos en la vida y que propugnan un cierto *laissez faire* en los padres, quienes delegarían en esos objetos la educación de sus hijos.

La autoridad que vale es la que deriva de la creación y la invención del autor. Aquella que es capaz de resolver problemas, de generar confianza y promover la cooperación. Su fundamento no está en un ideal externo o en una prótesis objetalizada, sino en el compromiso personal traducido en una ética que implica la participación y la corresponsabilidad. Los hijos juzgan, como siempre han hecho, a los padres, y ellos les reconocerán o no autoridad si esos padres han sido capaces, en primer lugar, de autorizarse a ellos mismos a ejercer como tales, con todas las consecuencias que eso implica.

Una familia tiene una primera función de transmisión de ideales, valores y formas de vida. La familia, mejor o peor, nos deja como herencia una cierta «teoría de la vida» que nos permite interpretar la realidad, jerarquizarla, ordenarla con valores más o menos firmes. Pero también una familia nos da la posibilidad de invención, a cada uno de los miembros, para introducir la novedad respecto a eso que se transmite. La invención es pariente de la creación, ya que se inventa lo que no está a partir de materiales existentes, a modo de un bricolaje.

Jacques Lacan señalaba que lo propio de la invención es que nunca se inventa un saber completo, sino tan sólo trozos, pequeños fragmentos de saber sobre aquello que llamaba lo real, y que es eso más íntimo y más opaco para cada uno, aquello de lo que sabemos muy poco y sin embargo nos condiciona mucho.

Los sujetos inventamos historias para tratar de explicar(nos) eso más íntimo. Nos contamos una novela sobre nuestros orígenes, sobre la familia en la que nos tocó crecer. A veces ese relato tiene un gran valor literario y aparece como una obra de arte sin dejar por ello de ser una «novela familiar».

Hoy toca, pues, juzgar la autoridad paterna por su capacidad para inventar soluciones, su capacidad para transmitir un testimonio vital a los hijos, a esos que, como Telémaco, hijo de Ulises,[7] miran el horizonte escrutando la llegada de un padre que no acaba de estar donde se le espera para acompañar al hijo en su recorrido y en sus *impasses* (Recalcati, 2014). No se trata aquí de la lógica edípica, donde está en juego la rivalidad con el padre y la transgresión de la ley. Se trata más bien, en el caso de Telémaco, de la invocación a la Ley y a la presencia y testimonio del padre ausente.

El desamparo del adolescente

Las manifestaciones diversas de la violencia escolar podemos considerarlas como una respuesta actual a ese eclipse que da paso a una lógica de red y a una

---

[7] Telémaco, hijo de Ulises, espera durante 20 años el regreso de su padre, que se ha ido a la guerra de Troya. Cuando finalmente regresa su padre, Telémaco no lo reconoce porque la Diosa Atenea, para despistar a sus enemigos, lo ha convertido en un mendigo. Más tarde, el hijo reconoce al padre y se abrazan antes de eliminar a los invasores.

victimización horizontal. A falta de la consistencia de esa referencia identificatoria aparecería cierto sentimiento de orfandad que haría de cualquier escolar una posible víctima del otro. Si antes era el amo/maestro el que regulaba el ejercicio de esa violencia represora (castigos, sanciones) ahora esa crueldad puede estallar entre los iguales más fácilmente. El sentimiento de impunidad del acosador nace de este vacío educativo, en esta «aula desierta» de la palabra del adulto (Fdez. Martorell, 2008).

En el curso de una investigación llevada a cabo con alumnos de secundaria, a propósito del uso que hacían de los teléfonos móviles para filmar peleas en los patios escolares, constatamos cómo ellos disponían siempre de una baza oculta para regular ese conflicto: cuando la pelea parecía «salirse de madre» alguien, de manera casi espontánea, corría a llamar a un adulto para que su presencia pusiera fin al conflicto. Mostraban así que la pelea misma no era sino una escena dirigida a ese otro adulto que debía finalmente interpretarla y ponerla fin, ya que la autorregulación entre iguales no era suficiente (Martínez, 2008).

Este llamado al otro puede sorprender en relación al fenómeno del *bullying*, ya que en él aparece insistentemente la idea de acciones ocultadas a los adultos y sutilmente transformadas para favorecer la pervivencia de dicha ocultación. Como señaló Hanna Arendt (2003) en 1960: «La autoridad de un grupo, aún de un grupo infantil, siempre es mucho más fuerte y más tiránica de lo que pueda ser la más severa de las autoridades individuales».

Esta ley del silencio, como veíamos antes, es clave, si bien, más allá de la lógica entre iguales, hay en la escena del acoso una dimensión de *acting-out*, una puesta en escena dirigida a otro (adulto) capaz de interpretarla, pese a que en muchos casos, por el ocultamiento y la propia ceguera del adulto, la escena queda muda.

Freud nos recordó las restricciones que la moral de la civilización imponía a la sexualidad, y cómo los padres ejercían esa función de prohibición en relación a la masturbación infantil. Eso redundó en el reforzamiento del poder parental como disciplinador de los cuerpos púberes. Hoy vemos cómo surge otro pánico (Bauman, 2014) ligado al posible abuso sexual del adulto, que los convierte en «sospechosos habituales». Esta transformación, de protectores sancionadores a posibles abusadores, tiene sus consecuencias en el ejercicio de la autoridad, tanto en la familia como en la escuela. Un ejemplo de ello son los lavabos, donde los docentes deben quedar al margen, muchas veces sin acceso permitido, en virtud de esa sospecha que pesa sobre ellos.

A lo largo de las entrevistas realizadas hemos constatado repetidamente la queja de los chicos y chicas sobre la «ausencia» o silencio de los profesores frente a esa violencia sufrida o realizada. Joel (13 años): «Los profes no se enteraban porque lo hacíamos cuando no estaban». Enric (14 años): «Nunca se enteran, y si lo saben, no hacen nada, miran para otro lado o le siguen la gracia al chulo» y Mohamed (15 años): «Yo si me pasara se lo diría a mis padres porque los profesores sudan, no quieren meterse en problemas».

Otras veces, las menos, admiten la intervención adulta: Vanesa (14 años): «En mi cole sí toman medidas, llaman a los padres y hablan con el niño y la clase, también cuando pasa fuera de la escuela», Rut (13 años): «Un día el profe lo puso (al acosado) delante de la clase para que lo explicase y eso le ayudó, era muy débil», Dídac (15 años): «la cosa duró hasta que los profes se dieron cuenta (un año después) y lo pararon».

Cuando se trata de recurrir a los padres hay dudas, a veces por la vergüenza que implica. Jonathan (14 años): «Mis padres no sabían nada por vergüenza, te pegan y no haces nada», Manel (13 años): «No le dije nada a mi madre para no preocuparla», y otras por su combinación con la escasa eficacia de su respuesta: Pilar (15 años): «Una vez la madre habló con el niño que insultaba a su hija y éste paró, pero para el niño es una humillación que el padre venga a la escuela... además sólo funciona ese día, luego ya no». Otra chica, Noa (15 años), víctima de un largo acoso iniciado a finales de la primaria y continuado en la ESO, nos explica que «Se lo dije a mi padre el primer día y fue al Instituto, habló con los otros padres y la lió. Yo sola no podía, tras la reunión hubo una pausa de tres meses donde me dejaron en paz, pero luego continuó igual o peor».

Más allá de la exactitud de estos reproches, hay una verdad latente en ellos: los alumnos/hijos esperan algo que no llega, esperan alguna invención que les

¡Todos víctimas!

ayude a tratar las dificultades que esa crueldad implica y de la que ellos mismos, víctimas, acosadores o testigos, son partícipes sufrientes. Sara (15 años) lo expresa con claridad cuando le preguntamos por las estrategias para evitar el acoso: «Los padres deberían hablar con sus hijos, ponerles en el lugar de la víctima para ver qué sienten, y antes la tutora debería hablar con los padres».

Esa cierta orfandad favorece su identificación al lugar de la víctima, al «todos víctimas» como un nuevo lazo social que se propone en nuestra época para tratar el traumatismo inherente al ser hablante. Todos tenemos una parte de real por tratar, una satisfacción que nos incomoda y con la que no sabemos qué hacer con ella. Una vergüenza con la que vivir y cuya tentación de desconocer es grande, y marca lo que Miller (2011) nombra como «la ley de la victimización inevitable del yo».

Freud (1981) se refería a esa parte de cada uno que no le gusta y rechaza, situándola fuera, en el exterior, como el odio de sí mismo, resorte futuro del racismo y la xenofobia. Es por ello que los niños aprenden antes el no que el sí, que no dudan en culpar al semejante de su propio acto. Los adolescentes saben bien también cuándo acusar a los padres de su propia inhibición o cobardía ante la vida y por supuesto los adultos somos maestros en practicar la teoría neurótica de la culpa (siempre es del otro).

Víctima es hoy, de este modo, un significante amo (*key word*, palabra clave) que se nos ofrece para representarnos, como si fuese un nombre añadido que dijese algo de nuestra condición subjetiva. Es una palabra omnipresente en nuestras vidas y en el discurso corriente. Su uso múltiple da cuenta de cómo la tentación de la inocencia, a la que se refería Bruckner (2002), ha devenido ya una victimización generalizada. Hoy cualquiera tiene «razones» para tomarse como víctima: desde la violencia intrafamiliar a los retrasos en los vuelos, pasando por las estafas bancarias o los incumplimientos políticos.

IV
La satisfacción de mirar

La pasión actual de los adolescentes por las pantallas no se entendería sin las transformaciones sociales y tecnológicas y sin la función clave que la mirada, como tal, tiene en la constitución misma del ser humano, en su subjetividad. Aquí nace nuestra segunda hipótesis sobre la actualidad del *bullying*: la satisfacción que produce el mirar y contemplar, amplificada por las nuevas tecnologías, y el pánico de quedar invisible, fuera de la comunidad virtual, como un «pringao» dejado de lado, favorecen ciertas respuestas del acoso, especialmente la posición del testigo mudo pero expectante.[1]

Todos los datos que tenemos muestran su interés por las pantallas en cualquiera de sus modalidades: ordenador, *play station*, tabletas, móviles, incluso televisión. Las miran, cada vez más las tocan (*touch*), y todo apunta que la interacción del cuerpo con ellas abarcará pronto no sólo el ojo y el tacto sino el cuerpo en su globalidad. Cuerpo y pantalla —como ocurre con las *Google Glass*— se fusionan siendo ambos la prolongación del otro.

Jacques Lacan (1971) captó enseguida, y lo plasmó como vimos en su tesis sobre el estadio del espejo, que hacerse una imagen corporal, una vivencia unificada del cuerpo, requiere de la intervención fundamental de la mirada: es apropiándonos de la imagen del otro como construimos la nuestra. Y en esa escena de júbilo, en la que el *infans* sonríe viéndose en el otro, está incluida —y esa es toda la gracia del asunto— la mirada del Otro adulto que da su aprobación. Es decir que, ya de entrada, mirar y ser mirado van unidos.

Al final de su enseñanza, como comentábamos antes, Lacan volvió sobre la importancia de lo imaginario para recordar que adoramos el cuerpo, como

---

1 El lazo social de la plaza y el barrio de antaño ahora se dirime en la nueva comunidad virtual.

envoltorio imaginario, lo idolatramos como nuestro principal activo. Basta ver el peso que tiene para nosotros toda la cultura que gira a su alrededor, desde las disciplinas (deporte, *fitness*, musculación), las marcas corporales (tatuajes, *piercings*, moda) e incluso la cirugía plástica. La intención última, más allá de las formas sofisticadas actuales, sigue siendo responder a la pregunta sobre nuestro origen: ¿qué soy yo para el otro? ¿qué valor tengo en su deseo? La cámara y su reflejo en la pantalla no hacen sino velar el afecto de angustia que siempre acompaña a ese interrogante.

El peso de esa mirada, matriz imaginaria formadora de nuestro yo, hoy se multiplica gracias a los *gadgets* modernos. Tenemos ya toda una tecnología con múltiples aplicaciones como, por ejemplo, en medicina (laparoscopia), donde la mirada de la cámara penetra hasta lo más íntimo del cuerpo. Si los antiguos miraban al cielo o consultaban los oráculos para escrutar el presente y adivinar el futuro, fue en el Renacimiento cuando el anatomista Vesalio inauguró, con la autopsia (verse a sí mismo), la mirada sobre lo más íntimo de cada uno, hasta entonces ignoto. A él le siguieron, siglos más tarde, los rayos X y todas las tecnologías médicas actuales, desde el endoscopio hasta las IRM (Imágenes por Resonancia Magnética). La ilusión que sustenta estos avances es que se podría extraer la verdad del sujeto, incluso aquello más opaco: lo éxtimo.

Nuestra relación con la imagen se ha acrecentado, pues, en el siglo XXI y ha modificado de manera radical nuestro *estar* y *ser* en el mundo. Hoy somos mirados desde antes de nacer (ecografías) y cada paso posterior es objeto de vigilancia, lo sepamos o no: escáneres corporales, cámaras de videovigilancia, redes sociales, *Google Earth*. La previdencia de *Minority Report* cada día resulta menos ficción y ya se especula con tecnologías capaces de leer nuestros pensamientos, o sistemas de trazabilidad que no dejarían oculto ni un segundo, como sucede con los objetos que incorporan un GPS.

La gran satisfacción contemporánea, después del declive al final de la modernidad del placer de la lectura del relato, está pues en contemplar el ruido de la voz y la fascinación del mirar. Esto se comprende bien si analizamos la cultura triunfante de la inflación de los seriales, uno de los entretenimientos principales de los alumnos de hoy en día frente al aburrimiento (Wajcman, 2012).

Mirar, ser mirado y darse a ver

Decíamos antes que mirar va a la par que ser mirado, y añadiríamos una tercera posibilidad: el darse a ver, ofrecerse a la mirada del otro de manera activa. Muy a menudo tenemos ocasión de comprobar cómo compartir eso que llamamos intimidad es una pasión a la que no siempre resulta fácil resistirse. El concepto de íntimo y privado se volatiliza bajo el imperativo actual del «verlo todo». Si la mirada en la modernidad, como el *voyeur* de Sartre, se escondía por pudor, hoy la consigna es mirar sin vergüenza, mirarlo todo sin ocultarse. El ideal de transparencia se convierte así en una ley de hierro y justifica *gadgets* como las *Google Glass* y otros artilugios de realidad virtual. La intuición freudiana de un hombre conectado a objetos que prolonguen los sentidos (vista, oído, tacto...) y su poder destructivo (armas) es ya una realidad que plantea interrogantes sobre su incidencia subjetiva y social.

Lo que estos hechos prueban es que no sólo somos nosotros que miramos a través de la cámara, sino que es la cámara quien nos mira y nosotros accedemos a prestarnos como objeto de esa mirada, compartida luego por millones de ojos, como ocurre en lo que colgamos en la red y en el éxito de los *selfies*.

El propio término de pantalla ya incluye esa doble vertiente: lo que se proyecta en ella, pero también lo que hace pantalla y vela lo que hay detrás. Mirar es también ser mirado, como muestran los *reality shows* donde ver y ser visto se confunden, y más que un Gran Hermano que mira sin que le vean, aquí se trata de un pequeño hermano (todos los televidentes) que miran y gozan, al igual que los concursantes, al ser mirados.

La mirada y la contemplación sustituyen cada vez más la voz y el razonamiento. El serial CSI[2] de la televisión muestra bien este cambio de paradigma.

---

2 CSI: *Crime Scene Investigation* (también llamada CSI: *Las Vegas* o CSI: *En la escena del crimen*) es una serie de televisión estadounidense de ficción, retransmitida por primera vez el 6 de

BULLYING

La policía científica no habla, no interroga, aplica los medios científicos para escrutar, valorar y evaluar la escena del crimen. Todo está ahí si se sabe contemplar.

Otro dato que nos informa de este desplazamiento de la palabra en beneficio de la imagen es la preferencia que tienen los adolescentes actuales por redes sociales como Instagram y Snapchat. Estas dos aplicaciones, que privilegian la imagen (fotos y vídeos), están dejando atrás a Facebook y Twitter, basadas más en el intercambio de palabras y conversaciones.³

Para los adolescentes, esta dialéctica está muy presente en el uso que hacen de las pantallas y de las conexiones que les facilitan: miran y se satisfacen en el goce voyerista, pero también buscan un reconocimiento del otro al que le dan a ver sus creaciones, sus invenciones, sus amigos, e incluso aquellos actos que parecen reclamar de los adultos alguna sanción. Ellos juegan con ese objeto-mirada resguardándose a veces de la mirada inquisitiva del otro y buscando zonas de sombra (capuchas, parques desiertos, anonimato digital).

La mirada, además, es hoy una mercancía con un gran mercado global y los adolescentes, qué duda cabe, son un nicho de mercado privilegiado. Desde la telerealidad hasta nuestra práctica de las redes sociales, todo está afectado por este hecho. Autores como Wajcman (2011) señalan el riesgo de reducir lo real a un mundo-imagen al desconectar nuestro cuerpo de la realidad, reduciéndola a una imagen (cámaras que no nos dejan ver el paisaje, fotos almacenadas en archivos digitales que nunca veremos, música que nos hace sordos al

---

    octubre de 2000 en los Estados Unidos por la cadena CBS. Fue creada por Anthony E. Zuiker y está producida por Jerry Bruckheimer. La serie se centra en torno a un grupo de científicos forenses y criminólogos que trabajan en la ciudad estadounidense de Las Vegas (Nevada), investigando los crímenes que en ella suceden. La original fórmula de la serie y su éxito suscitó tres secuelas, *CSI: Miami* (2002-2012), *CSI: Nueva York* (2004-2013) y *CSI: Cyber* (2014-), en torno a los equipos de científicos forenses de dichas ciudades, pero además influye en varias series posteriores relacionadas con la investigación criminal, como *Bones* o NCIS entre otras.

3   Datos recientes de esta transición los podemos encontrar en esta web. Consultado el 20/10/2015, http://blogs.wsj.com/digits/2015/10/16/survey-finds-teens-prefer-instagram-snapchat-among-social-networks/

otro...). Guiados por la pasión de verlo todo, nos volvemos ciegos ante lo más íntimo de cada uno y de la sociedad, como ya ocurrió el siglo pasado con los campos de concentración.

Gozar de la escena del acoso

El intercambio creciente, entre los propios jóvenes y a través de todo tipo de medios digitales (internet, móviles, redes sociales) de imágenes relativas a peleas y agresiones, junto a la proliferación de *reality shows*, donde no escasean estos actos y/o su relato, confirman que la violencia hoy ya no es pensable sin su representación, la cual incluye la escena misma y la fascinación que produce entre unos (actores) y otros (espectadores).

El darse a ver resulta un dato fundamental, como hemos tenido ocasión de comprobar en diferentes sucesos. Desde el asesinato de una indigente en una oficina bancaria en Barcelona a cargo de unos jóvenes, hasta la quema de coches y bienes en la *banlieu* de París. Hoy vemos también los rituales de una tribu urbana que despunta entre los adolescentes, los fieles al *swag*, que se reúnen los fines de semana en centros comerciales para mirar y ser mirados y que, en ocasiones, termina con peleas entre algunos grupos.[4] Todos ellos no serían pensables sin la luz que las propias hogueras arrojaban, para darnos a ver esa violencia como el *impasse* de estos jóvenes ante un futuro a veces muy oscuro e incierto.

Aquí la violencia exige visibilidad, y en el caso del ciberacoso, viralidad. Es esta preminencia de la satisfacción ligada a la mirada la que explicaría el aumento creciente del ciberacoso y sus características diferenciadas del acoso presencial.

4 «Los Mossos extreman la vigilancia por concentraciones de menores *swag* en La Maquinista». *La Vanguardia*, miércoles 21 de octubre de 2015. Véase también uno de los vídeos de referencia, con más de 1.655.000 visitas en Youtube: Consultados 21/10/2015, https://www.youtube.com/watch?v=N5wPe_wxZgo, http://www.lavanguardia.com/local/barcelona/20151021/54438258392/peleas-swag-la-maquinista.html

Las nuevas tecnologías amplifican las posibilidades del acoso bajo la forma del ciberacoso. Veamos la historia de una adolescente, víctima continuada de acoso. S. es una chica de 14 años que cursa 1º de secundaria y que desde el inicio del curso es motivo de burla e insultos —incluyendo una agresión— por parte de un grupo de compañeros de clase. El último episodio fue la difusión en Internet de un fotomontaje en el que aparecía desnuda y con un lema: «S. la descarada». Su historia familiar incluye episodios de abusos sexuales en la primera infancia, razón por la cual le fue retirada la tutela a los padres y asignada la guarda y custodia a la abuela paterna.

La trayectoria de S. está muy marcada por esta experiencia de goce precoz. En un primer momento ella misma busca un tratamiento por la repetición de este real original y traumático, mediante la exhibición impúdica de su cuerpo con la consiguiente alarma escolar, social y familiar que ya de entrada le asigna una fama de rara y descarada. Más tarde, ya en la segunda infancia, puede velar esa exhibición y desplazarla a una confesión generosa de sus gustos y preferencias en el ámbito de los chicos.

Esa posición, incauta y naif, de chica que manifiesta sin ambages sus gustos y que se presta a todas las comedias de enredo, la convierte en objeto de burla y de desprecio, especialmente para sus compañeras de clase. Exploran a través de ella diferentes versiones de la feminidad que van desde la intrigante hasta la casquivana dejándola caer cuando les conviene. S. es así un personaje peculiar, algo singular en el contexto del grupo clase, y eso mismo le hace ser víctima propiciatoria de aquellos y aquellas que se sienten cuestionados en sus propios interrogantes acerca de ser mujer/hombre.

Lo visible y lo invisible

La satisfacción de mirar es el anverso de otro fenómeno, paralelo y ligado a la mirada: ser visible o invisible a los ojos del otro. Lacan (2014), en la introducción a su seminario sobre «El deseo y su interpretación» de 1958, relata una anécdota de Charles Darwin a propósito de una anciana que había consegui-

La satisfacción de mirar

do zafarse de la muerte a pesar de su avanzada edad. Lacan destaca el verbo inglés utilizado, *overlooked*, que hace referencia a no haber sido descubierto, a pasar desapercibido para el otro, en este caso para el diablo que es quien se supone se lleva a la tumba a las ancianas.

Como señalábamos antes, al referirnos al eclipse de la autoridad, de lo que se trata no es tanto de ausencia de normas como de invisibilidad de los padres, que a veces pasan desapercibidos en relación al acompañamiento de los itinerarios vitales de los hijos, que quedan así *overlooked*. Hacer visible lo invisible, esa mancha que supone para cada adolescente su presente y que muchas veces produce una vergüenza intensa, es tarea de los adultos. Si los adultos declinan su buen hacer en esta tarea se puede propiciar un hecho colectivo de formato nuevo: *todos segregados ante la falta de la buena imagen ideal.*

«Me decían "frentona" y "frentecamión" porque tenía la frente grande». «Les molestaba mi estilo friki, un poco satánico, siempre con objetos raros para ellos». «Gorda era el insulto repetido y no sólo a mí, también a otra niña de la clase que era gordita». «Dumbo, orejotas eran los insultos que más me decían». Estos son algunos de los ejemplos relatados por chicos y chicas que han sufrido acoso y donde se ve cómo la perturbación de la buena imagen, eso que en cada uno señala la mancha vergonzante, se vuelve objeto de burla.

Alguien adulto tiene que nombrar y dar lugar a ese presentimiento y a esa inquietud. Y lo debe hacer de la buena manera, no señalando el déficit sino indicando, además de lo que cojea, las posibles invenciones y soluciones sintomáticas.

Inscribirse en el otro, hacerse visible y encontrar un lugar en lo social, implica lograr pasar del presentimiento inicial, como anhelo difuso, a realizarlo y encontrar la salida del túnel al que se refería Freud (1981a) para explicar la adolescencia.

Cada adolescente tiene un presentimiento, su fantasía íntima, algo que conecta su niñez con la vida adulta. Este presentimiento es el anhelo de hacerse mayor realizando aquello que siente como propio y que le permitirá vínculos con el otro (amigos, familia, sociedad, profesión) y el sentimiento de utilidad social y personal. En este sentido cada cual es su propio ejemplo, a pesar de que se refleje en otros, cada adolescente construye una vida ejemplar que le tiene que servir a él. Aquí no sirve el *prêt-à-porter*, la medida fija.

Descubrir y hacer suyo el presentimiento no es fácil porque surge la angustia de no llegar, del fracaso, de no tener nada para presentarse al otro. Ante las dificultades surge la regresión y el *impasse*: inhibición, conductas perturbadoras, consumos… que pueden «confirmar» su fracaso y su exclusión.

Hablamos de presentimiento, más que de una idea concreta y precisa, y es muy importante en nuestra conversación con ellos localizar ese presentimiento, aquello que está por venir y sin lo cual nos quedamos en un *No future* muy problemático. La interpretación de este presentimiento es la gran tarea cooperativa del educador o el clínico con el alumno. Sin ella la pareja del acoso es una salida factible.

Ese presentimiento a veces es como la imagen difusa de una radiografía donde vemos algunos detalles básicos (huesos), pero alrededor hay una mancha gris/negra que evoca esa mezcla de vacío (significaciones) y mancha (goce). Vacío por la falta de palabras para decir su malestar, y la mancha es eso que lo turba e inquieta y que se traduce en el cuerpo que no deja de hablarle de diferentes maneras, como veíamos en el primer capítulo.

Cuando no logramos dar un lugar, visibilizar esas invenciones que van tomando cuerpo a partir del presentimiento inicial, encontramos el retorno agresivo del sujeto que quiere hacerse ver y oír de la manera que sea. Ese juego entre la satisfacción de mirar —que la reproducción viral alimenta— y el horror a quedar invisible —fuera de la escena de los iguales— está presente en el acoso escolar como uno de sus resortes fundamentales. Lo está de manera especial, como luego veremos en detalle, en la posición que adoptan los testigos del acoso.

V
Encontrar una identidad sexual

Un tercer elemento a considerar en el análisis del *bullying* es la crisis de las identidades sexuales (Coccoz, 2006). Se trata de una crisis motivada por la constatación, a cielo abierto, de la tesis lacaniana: no hay relación sexual, o lo que es lo mismo, no hay proporción posible ni armonía hallable en la relación entre los seres sexuados. Eso, por supuesto, no impide los actos sexuales. Muestra que en esa relación siempre algo falla, hace síntoma porque no está escrita previamente, no hay el manual de instrucciones que evitaría ese «fallo».

Esta verdad, atemporal, ha estado más velada en otros momentos por una serie de significantes amos, palabras claves que ofrecían sin ambigüedades un perfil claro de los tipos sexuales, una respuesta a las preguntas de cómo ser un hombre o cómo ser una mujer. La crisis en la masculinidad, que hemos analizado como rebote del propio eclipse ya mencionado de la imago paterna (Miller, 1996), va a la par de un aumento de los estilos viriles entre las féminas.

Esta crisis afecta de manera especial a los adolescentes porque les obliga a «inventar» sus propios semblantes sexuales, sus maneras de ser hombre o mujer, sin el apoyo claro de los discursos tradicionales. En ese trabajo de construirse el tipo sexual, los pares resultan fundamentales y es por ello que ningún adolescente puede sentirse ajeno a las modas y tendencias de sus grupos. Cuando alguno toma un camino propio puede, como vemos en muchos casos de *bullying*, ser rechazado por esa elección particular.

El universo freudiano entendió la pubertad como el tiempo para comprender lo que fue la construcción del cuerpo erótico infantil, previo a la irrupción de la sexualidad adulta. Freud sostenía que el niño saludable era aquel que quiere hacerse mayor y que toma un tiempo para ensayar mentalmente ese salto entre la niñez y la transformación adolescente en la pubertad. A ese tiempo le llamó latencia y era el espacio temporal donde la investigación infantil encontraba reposo y preparaba la transición al mundo de los valores del adulto y a la sexualidad genital.

Hoy este tiempo para comprender de la pubertad tiende a esfumarse o a eclipsarse en su inserción en la adolescencia apresurada. Los rituales de traspaso se centran en el tiempo de toma de consciencia, o uso de razón, y el cuidado adulto para preservar al púber del mundo que se desvelará en el futuro. Hoy esos ritos han sido inundados por las imágenes de la vida adulta apoyadas en la visualización de la muerte y el sexo hasta la saciedad, en televisión o en la red.

Por ello, maestros y pedagogos se alarman ante la creciente, y cada vez más prematura, sexualización de la infancia. Los niños y niñas, sin apenas tiempo para separarse de sus padres, se encuentran inmersos en múltiples escenarios de relaciones y experiencias sexuales que los enfrenta a roles supuestamente adultos. Seguramente nuestros niños no se han olvidado de las preguntas por las diferencias sexuales o por la procedencia de los niños, pero sí que constatamos que hoy los niños pequeños (7-8 años) no es raro que pregunten a sus padres por sus relaciones sexuales.

Separarse de lo familiar es una obligación de todo adolescente. Pasar de ser un objeto deseado a un sujeto deseante con lo que eso implica de pérdida narcisista, tanto para el niño como para sus padres. Uno de los descubrimientos que hace el adolescente y que no deja de tener efectos es que detrás de su padre, hay un hombre, y detrás de su madre, una mujer. Este descubrimiento, negado durante un tiempo, puede provocar una inhibición o un paso al acto en la sexualidad del joven.

Junto a éste encuentra también otra novedad a su alcance: la relación sexual con un *partenaire* extrafamiliar (novio/a). No le cuesta mucho descubrir que en realidad esa relación es *imposible* ya que, como decíamos, no tiene el manual de instrucciones ni tampoco conoce a nadie que lo tenga, aunque algún colega pueda hacerle pensar que sí. Kant señaló, en su Pedagogía, que educar y gobernar eran tareas imposibles, a lo que Freud añadió la tarea de curar. Imposible, en términos freudianos y recurriendo a la lógica, quiere decir que son tareas sin cálculo exacto ni proporción fija entre acto y consecuencia.

Encontrar una identidad sexual

Son tareas que suponen siempre el hecho de arriesgar en el acto (clínico, educativo o político) sin que sea posible el recurso al manual de instrucciones.

La vivencia de esa imposibilidad varía según género, ellos se agobian pronto con el compromiso y ellas dudan de si han elegido al adecuado. Ninguno sabe bien cómo hacer con esa diferencia radical chico-chica.[1]

Esta novedad interfiere, qué duda cabe, en el progreso de los aprendizajes y hace que el trabajo de perforación del túnel a veces se centre de manera exclusiva en una de las salidas, la de la identidad sexual, dejando de lado la del saber.

Los recursos que los adolescentes tienen hoy para construir esa nueva identidad son variados. Por un lado están los que ya conocen de su época infantil y que ahora ponen al día con nuevos objetos: *succionan* líquidos (birras, chupitos), *chupan* cigarros (petas, porros), *vomitan* la comida u otras cosas, *gritan* como bebés, *saltan* como niños en bici o en moto, pasan horas *toqueteando* mandos y clavados a las pantallas o *embadurnan* las paredes con grafitis. Es una fórmula habitual y que ellos conocen bien porque la aprendieron precozmente.

El segundo recurso más utilizado es el uso de las imágenes *pret-à-porter*, a las que se alienan en masa y con las que tratan de construirse un cuerpo que sea habitable por ellos. Desde el corte del pelo hasta las marcas de ropa, pasando por los tatuajes y *piercings* y el estilo sexy como recurso de identificación imaginaria. Las dietas y el deporte son fórmulas que responden a esta idea de la unidad imaginaria.

El tercer recurso tiene que ver con el uso de la palabra y de los instrumentos simbólicos a su alcance. Para la inmensa mayoría, los móviles y las redes sociales (Facebook, Twitter, Instagram) son una forma de conversación virtual para compartir y sobre todo para verificar su lugar en lo social.[2] Saber

---

1 En la película *Del revés* (*Inside Out*, 2015) de Pete Docter, hay una escena muy divertida en la que un chico se encuentra con una chica y aquel exclama: «¡una chica!», mostrando lo realmente sorprendente de ese encuentro.

2 Ser un o una «popu» o «superpopu» depende de los «me gusta» que uno reciba en su cuenta de Facebook. Ese dato es clave para definir el lugar que uno tiene e incluso, como ocurre en ciertos rituales de lugares de ocio frecuentados por adolescentes, también delimita el uso del territorio y el tipo de interacciones que permite.

si tienen amigos, si son populares, aceptados o rechazados. Para algunos hay otros recursos de carácter sublimatorio, que van desde el trazo mínimo de una firma grafitera (*tag*), hasta la sofisticación de una creación artística (música, pintura, cine), pasando por los clásicos diarios, ahora sustituidos por el *muro*.

El sexo débil de los adolescentes

En esta nueva erótica que se ven obligados a construir, lo reprimido no es el sexo sino la confesión amorosa, ya que no existen las palabras para explicar bien esa inexistencia de la armonía sexual: que dos cuerpos juntos no aseguran que haya relación (Ubieto, 2015).

El sentimentalismo y la historia de amor, que la recubrían, siguen funcionando como ficciones pero con menos fuerza. Ahora, frente a la ausencia del manual de cómo hacer con la alteridad que implica siempre el *otro* sexo, constatamos fórmulas en crisis, tanto en la masculinidad como en la feminidad.

La tesis del psicoanalista francés Serge Cottet (2008) sobre el sexo débil de los adolescentes nos sirve de guía. Nuestros jóvenes han recibido una amplia y suficiente educación sexual, ya desde los primeros cursos escolares, y sin embargo eso no les ahorra inventar ficciones o historias de amor para hacer con su cuerpo y su sexualidad. Y es allí donde observamos las dificultades.

Podemos decir que eso va por barrios y que en algunos vemos cómo cierto tipo sexual, bien encarnado por algunos jóvenes con otros códigos culturales, tiene éxito por remedar ese sentimentalismo, obsoleto en otras clases sociales, a veces acompañado de actitudes de dominio y/o violencia incluso.

La pornografía parece haberse convertido en la principal escuela de iniciación sexual contemporánea, de allí su enorme éxito y las espectaculares cifras del consumo (y negocio) del ciberporno. Recordamos aquí el dato ya comentado del reciente Informe de la ONU, según el cual los chicos de 12 a 17 años son el grupo que más porno consume en la red.

En la era de la imagen, los relatos y cuentos sobre los primeros amores que acompañaban la educación sentimental han perdido fuerza. Hoy los chicos y chicas descubren la sexualidad a través de la invasión continua de imágenes de escenas sexuales donde se muestran, hasta la saciedad, cuerpos practicando el sexo de manera mecánica.

Si la época victoriana fue el súmmum de la represión de la sexualidad, hemos iniciado el siglo XXI con el éxito del *porno*, que hace del coito exhibido un espectáculo a la carta, basta para ello con un simple clic del ratón. Donde había historias de amor que velaban el sexo hoy tenemos, como señala el psicoanalista Jacques Alain Miller (2014), la incitación y la provocación a través de fantasmas filmados con la variedad apropiada para satisfacer los apetitos perversos en su diversidad.

Si en la erótica analógica primaba la transgresión, aquí se trata de combatir la abulia y la depresión mediante la compulsión para reanimar un deseo un tanto alicaído. Hoy una declaración de amor eterno es, sin duda, más transgresora que el sexo itinerante.

En el uso de estas tecnologías observamos las dos tendencias siempre presentes en cualquier objeto: la que apunta al amor y al lazo, y aquella que bajo la forma compulsiva produce autodestrucción. Como si se tratase de un *casting* amoroso, prima la evaluación del sujeto reducido al fetichismo de la mercancía.

Lo virtual permite además reducir el impacto del encuentro con el cuerpo del otro. En cierto modo «limpiar» lo sexual de sus impurezas, convertir lo que podría ser deseo oscuro en una transparente voluntad. La aplicación *Good2go*,[3] creada por una madre de estudiantes, se propone así como una herramienta para tener relaciones sexuales consensuadas «previniendo o reduciendo así el abuso sexual», lo que incluye un test de sobriedad y el «sí quiero» explícito.

Incluso el propio acto sexual tiene esa función de velo para enmascarar lo que el sexo mismo tiene de enigmático. Un paciente adolescente relata un triple encuentro sexual con usuarias de la aplicación *Tinder* en el intervalo de un «finde». En el trasfondo de esa metonimia, que le permite deslizarse de una mujer a otra con un simple *touch*, está la novia que ha dejado por no poder traspasar el tabú de la virginidad. Hacerlo con otras, desconocidas, le permite

---

3 http://good2goapp.com/

mantener la ficción de esa armonía entre los sexos, la ilusión de que la relación sexual existe, aunque sea reducida a la gimnasia del acto.

Lo enigmático sexual

El caso de Ángela nos enseña algo sobre el *bullying* como reactivo a este enigma inquietante de lo sexual. Adolescente de 14 años de origen latino, destaca por su carácter provocador, tanto en lo relativo a su sexualidad como en el desafío que sostiene con sus iguales, especialmente con las chicas. La pequeña de tres hermanos (ellos varones) vio, hace unos meses, cómo era desalojada de esa posición de «la niña» en beneficio de un nuevo hermanito que ocupa ahora los desvelos de la madre y del padre.

Este hecho ha tenido sus consecuencias, junto a otros, como su identificación particular a una tía paterna, residente en su país y conocida por su carácter peleón. El padre, que vive en casa desde hace un par de años, está atravesando un período de crisis en la relación con su esposa y en su inserción social. Hombre poco expresivo, ha dejado siempre en manos de su esposa y de su suegra la crianza de los hijos. Los tres mayores, incluida Ángela, han hecho lo posible por despertarlo con sus comportamientos provocadores, algunos con consecuencias legales (robos, agresiones) todavía pendientes.

Ángela, un tanto aniñada y menuda, se ha disfrazado de chica sexi y ha colgado las imágenes en un *fotolog* que, «accidentalmente», han consultado el padre y la madre. Paralelamente, se ha metido en varias peleas callejeras, liderando un grupo de chicas latinas muy agresivas. Sus educadores de medio abierto y sus tutores escolares la aprecian por su inteligencia y por su capacidad de razonar y argumentar, si bien empiezan a pensar que hay algo, para ellos, intratable en el ámbito educativo. Piensan que la «atracción de la sangre» puede más que su persuasión. La idealización que Ángela hace de su hermano mayor, pendenciero pero excelente cantante de éxito local, se erige como un obstáculo entre los ideales educativos y los intereses actuales de la chica.

Encontrar una identidad sexual

Ella confiesa que se pelea porque «no soporta —dice— a las chicas *flojas*». Es su manera de nombrar lo insoportable. Por eso prefiere estar en primera fila, en los conciertos del hermano y en las peleas con otras chicas. Relata, con orgullo, una fiesta de aniversario de un amigo en la que el resto del grupo le daba correazos como signo de solidaridad y evocación del castigo físico, frecuente en su ámbito familiar.

Junto a esta vertiente más viril y violenta, aparece en las sesiones su lado femenino: observa a su madre —muy femenina— y copia gestos, maneras de vestirse y arreglarse. En las entrevistas que tenemos con ella es esa división que ella experimenta, entre la identificación viril y la pregunta por la feminidad, la que le señalamos para ir introduciendo, no sin dificultades y reticencias iniciales, una conversación sobre su presente y su futuro. Más allá de los ideales y de los propios imperativos se trata de apuntar a la causa del deseo.

Mantener abierta la pregunta sobre su feminidad produce los primeros efectos, que se traducen en una confirmación de sus buenos resultados escolares y en un distanciamiento de estos actos de provocación a las chicas, lo que no deja de producirle cierto alivio. Ella misma decide apuntarse a un taller de maquillaje con la condición —relevante, habida cuenta la inactividad del padre— de que él la recoja a la salida para «evitar así malos rollos con las chicas de la calle». Articula aquí su investigación de la feminidad con el trabajo de reanimación del padre.

Lo intratable de Ángela es, en primer lugar, intratable para ella misma, y toma la forma de una falta de saber «cómo hace una mujer». Por eso su primera respuesta, *hacer el hombre*, la pone en el límite de la segregación y del aislamiento. Golpear en las otras aquello que en ella misma flojea es una salida falsa —característica, como decíamos al inicio, del acoso escolar como respuesta sintomática—, que si bien le evita en un primer momento la pregunta por su ser femenino (su debilidad, lo que en ella flojea), la conduce finalmente a un callejón sin salida. Al mismo callejón en que se encuentra su tía paterna, a juzgar por lo que relata la familia. Acompañarla en el trabajo clínico, educativo y familiar es darle la ocasión de elegir otro destino, otra manera de hacer con eso intratable.

BULLYING

Podríamos tomar otro enfoque: clasificarla como intratable —a modo de definición global del sujeto—, lo cual la confirmaría en ese destino de excluida de su propia vida. Entre una opción y otra hay toda la distancia entre considerar el síntoma como un problema que ha de solucionarse, por tanto, eliminarse, o tomarlo como una solución a un problema. Solución en muchos casos fallida, que debemos cuestionar pero nunca ignorar, ya que ella misma es una invención del sujeto, un modo de arreglárselas con el malestar.

En este caso se muestra un modo de hacer con el traumatismo que siempre implica la sexualidad para todo ser hablante, la erotización de la vida y del cuerpo. Y que se hace más evidente en la pubertad porque allí se desvela la falta de saber fundamental acerca de lo sexual, y además se constata que el otro (padres, educadores) es inconsistente al respecto, no logra nunca decir bien el sexo y no estamos nunca a la altura de ese imposible. «No me decís cómo hacer, no sabéis nada...», letanías adolescentes y reproches a los padres.

En cualquier caso construirse una identidad sexual implica ir más allá de la identificación infantil al adulto y también de la identificación al síntoma del otro (pares). La versión «infantil» de lo sexual ya no sirve por las razones comentadas acerca del nuevo real sexual que el cuerpo presentifica. Tampoco la imitación o el modelado a partir de cómo hacen los iguales es una solución definitiva. Es cierto que es una fórmula útil y de primer recurso, pero siempre es insuficiente ya que cada uno debe hacer esa experiencia por sí mismo. Por eso esta tarea es siempre complicada y produce síntomas variados.

Salir del túnel, con una identidad sexual y con un lugar en lo social, requiere una decisión del adolescente (nosotros no podemos hacerlo por ellos) para hacer de esta *Krisis* —momento de decisión, juicio— una condición del sujeto. Frente a la dificultad de la tarea a veces se aísla en su guarida (habitación plena de *gadgets*), refugiándose en un «yo no sé» y mostrando la imposibilidad ante la tensión entre lo estático (seguir así) y la apertura a lo posible pero incierto.

Los testimonios recogidos nos han confirmado que aquellos que se aventuran en la exploración sexual y logran cierto éxito pueden ser, por ello, castigados por el grupo que no consiente a ese desparpajo. Rita habla de una

Encontrar una identidad sexual

compañera de su clase: «Hay una chica que es *superpopu*, cuelga fotos suyas provocativas y se gana muchos *me gusta*. Algunos envían cartas y la tratan de puta por Internet porque ellas también quieren ser *popus*». O el caso de Delia, adolescente ecuatoriana, explicado por otra compañera:

> Una amiga le seguía a casa y le pegaron, dejó de ir al cole. La clase entera menos uno o dos niños se meten con ella. Las niñas se inventan mierdas sobre ella, que es una guarra, una puta. Si no se arregla la cosa se irá a su país. Todo empezó porque le acusaron de empujar a una por la escalera pero era mentira. Lo que pasa es que es muy guapa y los chicos no paran de mirarla y decirle cosas.

En otros casos se trata de conductas que no son propias, según los cánones, de un niño o de una niña. Cuando una niña hace cosas que parecen más propias de un niño, o al revés, esto justifica el meterse con él o con ella. Es el caso de Roberto: «A Roberto no le gusta el fútbol, le gusta más la relación con las amigas y por eso le decían que era una niña… Con seis años se reían de él y le decían maricón… el niño preguntaba por esa palabra… A veces los niños mayores le hacían guiños y gestos insinuantes… en otra ocasión lo acorralaron».

Un cierto exilio, en términos de Philipe Lacadée (2010), un encuentro con el vacío de significación (exilio de la lengua del otro, que ya no les «dice nada») y una posible identificación al vacío/nada es inevitable. Hoy, además, el adolescente es un autoengendrado, criado en la lógica del *do it yourself*, y eso los vuelve artesanos del sentido de la existencia.

Salir del túnel es conseguirse una fórmula por medio de la cual vincularse al otro sexo y al tiempo realizar un proyecto personal. Para ello hay que hacer un duelo por la infancia y por los ideales de felicidad gracias a la elaboración de una enunciación propia e inédita donde alojarse.

Cada encuentro con una pareja —pero también con su proyecto (estudio, trabajo)— produce un duelo y un deseo a renovar. En ese trayecto el recurso al acoso de aquel o aquella que presentifica el enigma sexual, lo inquietante de ese nuevo real y de la satisfacción que implica es una falsa solución que algunos chicos y chicas ponen en juego para desconocer su propio enigma.

VI
La escena: acosador/acosado/testigos

El *bullying* es un cuerpo a cuerpo que se desarrolla en una escena, como todas, fantasmática. Esto quiere decir que cada personaje se juega algo en ella, lo sepa o no. Cada uno sale al escenario con su fantasma bajo el brazo, sea sádico, masoquista, exhibicionista o voyerista. Acuden además dispuestos a ganar, a obtener su plus-de-goce, su beneficio extra de satisfacción, a costa de un chivo expiatorio que pagará su libra de carne.

Los personajes, el guión y el desenlace cobran así significación. Destaquemos, entre ellos, esa extraña pareja formada por agresor y agredido. No es solitaria, ya que no sería pensable sin dos elementos más. Por una parte el público al que va dirigido el espectáculo que protagonizan. Un público diverso, ya que incluye a los iguales, los pares que contemplan la escena, a veces mudos pero siempre cómplices, y por otra parte está el Otro adulto al que ese *acting-out* se dirige en última instancia.

Junto al público, y como resorte de toda la escena y del goce que implica, está el objeto que funciona como cemento que pegotea a los actores. El objeto es aquello que suelda esa pareja y convoca al público. El objeto, al que luego nos referiremos al analizar el concepto de fantasma, es en realidad un vacío, una ausencia de significación y de satisfacción. Es una nada a la que cada uno se confronta, un sinsentido que provoca angustia e incita a llenarlo. El objeto es lo que determina para cada uno su estilo y su manera de obtener la satisfacción.

El *bullying* puede ser leído como una respuesta a ese vacío (*nothing*) que nos embaraza y perturba. Respuesta que pone en juego la crueldad como destino pulsional dirigido al cuerpo del humillado. Golpeando o humillando al otro uno puede pensar (falsa salida) que se desembaraza de eso que lo agobia y que desplaza al otro-víctima. Al tiempo, la víctima, inhibida en su acto de respuesta, puede también creer que de esta manera, al identificarse a ese lugar, se puede ahorrar el acto y evitar así el vacío.

Esa extraña pareja, alrededor del objeto y bajo los focos del público presente y ausente, no es ni poco visible ni poco ruidosa. No pasa desapercibida, si bien se camufla o confunde entre múltiples dinámicas y sucesos diarios de la comunidad escolar. Su existencia es paradójica. A menudo se la valora erróneamente. Se sabe de su existencia pero se desconoce el alcance de lo que le ocurre. Los compañeros, los iguales, son imprescindibles para su estabilidad. La extraña pareja tiene carabina. Sus iguales saben algo de ella pero suelen compartir la voluntad de desconocer, de minimizar la pendiente inhumana de esa relación.

Otros participan de algunos momentos de la relación. Suelen hacer de coro que ve y asiente, a veces jalea momentos de clímax o de posible desenlace. El coro vive con el corazón encogido y se pregunta, en voz baja, con espíritu taciturno, por lo que está ocurriendo. Todo se desarrolla en un tiempo especial, en un fuera de tiempo de la comunidad escolar. El acoso es una puesta en escena entre bambalinas. Mantiene un pulso con el coraje y la cobardía de la comunidad escolar.

La psicología del colegial, entre los presentimientos que resurgen desde la infancia, que se proyectan en el futuro, y los desvaríos adolescentes, reclama de la presencia formal del maestro como imagen de apoyo o sostén frente al desamparo.

En este capítulo vamos a situar esa intención y la lógica de la escena del acoso a partir de los diferentes lugares y las dinámicas relacionales.

La subjetividad biopolítica

La construcción de la identidad y la producción de una subjetividad tradicionalmente se sostenían en la serie de identificaciones simbólicas e imaginarias a un conjunto de rasgos que le permitían al sujeto representarse. Ello

La escena: acosador/acosado/testigos

le otorgaba una significación a su vida y un lugar y un lazo en la comunidad de pertenencia. Si alguien profesaba una creencia (católico) o militaba en un partido político (comunista), ese rasgo colectivo funcionaba como referencia identificatoria clara y le otorgaba un lugar social, ya fuera como integrado o como subversivo.

Hoy en día, ese lugar del ideal ha perdido peso y el objeto de consumo ha ocupado su lugar de mando. Es por ello que cada vez más los sujetos recurren, para su representación en el mundo, a los modos de satisfacción que les procuran estos objetos, multiplicados por la ciencia y la producción capitalista (Miller, 2006). De allí que los sujetos se «(re)presenten» más por los objetos que tienen (bienes, títulos, artilugios electrónicos) o por ciertos déficits velados por una etiqueta psicopatológica (TDAH, bipolar), como veíamos antes, que por aquello que los colectivizaría en torno a un ideal político, religioso o cultural.

Este consumo generalizado, como referencia identitaria y fuente de satisfacción, surge del empuje al goce instantáneo como vía de la búsqueda de la excelencia y la felicidad. Promueve así un régimen de autoerotismo que abandona a los cuerpos a sí mismos, sin más regulación ni mediación que aquella que deriva del cuerpo mismo. Eso supone gozar sin otro límite que la resistencia del cuerpo, hasta que aguante o explote.[1] Como si los cuerpos, ellos solos, pudieran decir basta y autolimitarse, cuando lo que vemos más bien es que lo que frena el empuje pulsional es una imposibilidad real del organismo.

En la sociedad del rendimiento todo el mundo debe optimizar su cuenta de resultados. En el deporte, donde el 80% de los casos de doping en el fútbol americano es por consumo de anfetaminas,[2] en el mundo de los negocios, donde la moda entre los jóvenes *brokers* de Wall Street es la ingesta de psicoestimulantes

---

1   Es lo que le sucedió al aspirante ruso al título mundial de sauna, Vladimir Ladyschenski, que en agosto de 2010, sufrió un colapso y falleció en el mismo lugar de la competición tras alcanzar la final.
2   «Ravens' Haloti Ngata Draws 4-Game Drug Ban by NFL». *New York Times*. 4 de diciembre de 2014. Consultado el 28/5/2015.

para ser más productivos,[3] o en los conflictos bélicos donde el consumo de psicoestimulantes evita el miedo y el dolor.[4] En los dos primeros casos se trata curiosamente de medicamentos previstos inicialmente para el TDAH.

El sexo no queda al margen de la búsqueda de la excelencia. Hoy disponemos ya de una versión femenina del viagra, la flibanserina, estimulante que pretende eliminar el DSH (deseo sexual hipoactivo), confundiendo la potencia con el deseo.[5]

Este funcionamiento hipermoderno se basa en la *biopolítica*, esa novedad de la que nos previno Michel Foucault (2007) en los años setenta del siglo pasado, que consiste en buscar el consentimiento de los individuos produciendo un nuevo tipo de subjetividad, en la que el cuerpo ocupa un lugar central. Ya no se busca la represión sino el «usar las formas de satisfacción del sujeto, influir en ellas, encaminarlas» (Berenguer, 2015).

La felicidad aparece entonces como un imperativo, más que como una elección de placer. Un imperativo —*¡Goza más!*— que nos hace correr para alcanzarla con la paradoja de que siempre nos quedamos a medias, ya que la característica de los objetos consumidos es que siempre nos dejan insatisfechos. No podría ser de otro modo, ya que de lo contrario el propio sistema capitalista dejaría de generar beneficios. Como sucede con la Coca-Cola —icono privilegiado del capitalismo—, cuando la bebemos para saciar nuestra sed no conseguimos sino tener más sed y renovar así nuestra insatisfacción para seguir consumiendo.

Éste es el cariz cínico de nuestra hipermodernidad: caídos los semblantes tradicionales, cada uno corre presuroso a asegurarse su ración de goce, aque-

---

3   Schwarz, A., «Workers Seeking Productivity in a Pill Are Abusing A.D.H.D. Drugs», *New York Times*, 18 de abril de, 2015. Consultado el 28/5/2015.
4   «Le captagon, la drogue qui fait oublier la peur aux djihadistes de l'EI», *L'Express*. 23/05/2015. Consultado el 28/5/2015, http://www.lexpress.fr/actualite/monde/proche-moyen-orient/le-captagon-la-drogue-qui-fait-oublier-la-peur-au-djihadistes-de-l-ei_1682589.html
5   Ubieto, J. R., «El deseo no es la potencia», *La Vanguardia. Tendencias*, 6 de junio de 2015. Consultado el 7/6/2015, http://joseramonubieto.blogspot.com.es/

La escena: acosador/acosado/testigos

llo que considera que es de justicia obtener. Esa satisfacción es por estructura limitada e insatisfactoria, lo que no impide, cada vez más, iniciativas de litigio y judicialización de la vida cotidiana para reivindicar eso a lo que consideramos que tenemos derecho. Lo vemos a veces en esas parejas que reivindican su derecho a adoptar, cuando sabemos que se trata siempre de un deseo de hijo, no de un derecho que en todo caso sería el del niño/a a tener una familia que lo adopte o acoge.

Es por ello que las víctimas de la violencia (incluido el acoso escolar) comparten una misma característica: presentifican esa falta de goce. Indigentes (sin techo), inmigrantes (sin papeles), homosexuales (sin virilidad), alumnos *frikis*. Si bien la verdad oculta es que son «designados» y elegidos como víctimas por su diferencia, traducida en aquello que tienen y que perturba la homeostasis (equilibrio autorregulado) del grupo normativo. Se trata de la satisfacción que los otros perciben en ellos, atribuida al uso de los objetos (comida, mirada, voz…). Edu habla de un chico acosado en estos términos: «Nos jodía que en el patio siempre traía el mejor bocata y chuches. Estaba gordo pero no paraba de comer». Uso enigmático del cuerpo que los hace de este modo diferentes.

La paradoja de esta libertad capitalista es que refuerza más si cabe el puritanismo, con su correlato de violencia segregativa. Promueve una mayor homogeneización de los estilos de vida, con preferencia por los signos normativos («ser como los demás, normal, como todo el mundo», se escucha en no pocos pacientes). Hoy parecen contar más los modelos, aunque sus formas sean diversas aparentemente, que no la creación singular. Esta es la paradoja de la «libertad capitalista»: al no haber ley que transgredir queda la norma que obliga a gozar siempre un poco más para alcanzar la felicidad. Kevin, de 16 años, lo explica a su manera: «Yo no puedo controlarme en el botellón, pienso que si me dejo algo (de beber) luego me arrepentiré y se me cortará el rollo».

Este funcionamiento basado en la repetición del consumo, en el derecho del *Uno* solo que dice lo que quiere, encerrado con su objeto, no favorece los proyectos comunes, sino que deja a los sujetos compartiendo un espacio del cual quedan excluidos los raros, aquellos que encarnan, más que otros, la diferencia, lo extraño/extranjero y provocan por ello el odio, burla y acoso.

El pánico de verse segregado de ese espacio compartido (pandilla, círculo del patio, chat...) y de los beneficios identitarios que conlleva, hace que el sujeto se anticipe en su definición de ser «normal, uno como los demás», por temor a ser rechazado. Por ello el *bullying* plantea siempre un ternario formado por el/los agresor/es, la víctima, y el grupo de espectadores, muchas veces mudos y expectantes. Sus testimonios resaltan su deseo: callar y aplaudir para no ser víctimas ellos también.

El acosador acosado

La clínica del acoso escolar no confirma la existencia de un perfil único de agresor ni tampoco de víctima, aunque sí observamos algunas constantes relevantes.

El acosador testimonia en muchos casos, cuando podemos mantener una conversación con él, antecedentes en su infancia de haber sido violentado en su propia familia o por iguales. Joel relata su época de acosador: «En 2º de ESO nos metíamos con dos chicas que nos apartaban un poco haciéndose las chulas. Yo había sido acosado antes, siempre me dejaban de lado y cuando me junté con Raúl íbamos de chulos, aunque en realidad éramos unos tontillos».

El videojuego *Bully*,[6] conocido en España como *Canis Canem Edit* (del latín «perro come perro»), tiene un protagonista, Jimmy Hopkins, de 15 años, con antecedentes de problemas de conducta. Jimmy sufre acoso escolar en su

---

[6] Desarrollado por Rockstar Vancouver para playstation 2. El juego salió al mercado rodeado de una gran polémica y con la amenaza de que sería retirado en países como Inglaterra, http://es.wikipedia.org/wiki/Canis_Canem_Edit. Otra película de igual título (*Bully*, 2011), basada en hechos reales y nominada al león de oro en el festival de Venecia, fue dirigida por Larry Clark. El protagonista y su novia planean el asesinato de su amigo como venganza por los continuos abusos y maltratos que éste causa al protagonista, http://www.filmaffinity.com/es/film770576.html

La escena: acosador/acosado/testigos

nueva escuela, donde lo deja su madre durante su luna de miel, que dura un año. En él aparece claramente el tema de la venganza.

De los doce niños identificados como acosados en las conversaciones con los padres, en cinco de ellos se habían dado situaciones en las que ellos habían acosado a otros niños. En estos casos, los padres muestran por un lado un malestar porque su hijo haya hecho lo mismo que le han hecho a él, y por el otro «tratan de disimular el hecho de que en el fondo se alegran de que se hayan defendido».

En cierto caso, la madre comenta que su hijo «se fue a descargar justamente con otra chica que también era víctima». Otra madre comenta: «A veces ha explotado. Dice que a él siempre le estaban diciendo cosas y se reían de él. Le tocó las narices quedarse sin excursión por haberse metido con una niña». El chico también le cuenta a la madre que los profesores mandan pedir perdón y los chicos lo piden pero no se arrepienten.

Las habilidades del acosador para captar el punto débil del otro, provocando dolor sin sentir por ello remordimiento, son importantes. Su doble rostro, seductor y maltratador, le permite hacer reír a los demás al tiempo que pasa desapercibido ante los docentes que, en muchas ocasiones, lo toman por un bromista (Rodkin, 2015). Lidia describe así a la líder de su grupo: «La cabecilla nos marcaba la víctima, ella era gorda y fea pero listilla. Tenía envidia de las guapas y se hacía la chula y engañaba a los profes porque parecía simpática. Si no la seguías recibías tú, fijo».

Esta apariencia de control no le ahorra la división subjetiva, la angustia y el malestar por su conducta. De hecho, en los estudios realizados se constata que su percepción de la escuela y del entorno es negativa, al igual que la de sus víctimas. En su caso parece que ese malestar es previo —y resorte— de su crueldad. Laia participó, durante dos años, en el acoso de una compañera: «Nos aburríamos y la tomábamos con ella, le tirábamos la ropa en la ducha y agua en la taquilla. Yo sólo miraba pero no decía nada, me daba igual. Ella lloraba y la consolaban. Lo hacía para que no me lo hicieran. La madre se quejó y la directora nos abroncó y paramos quince días pero luego volvimos. Al final le pedí disculpas porque a mí no me gustaría sentirme como ella».

BULLYING

Muchas veces se trata de niños que han sufrido abusos sexuales o maltratos continuados. Su respuesta a este real original varía desde posiciones subjetivas con rasgos perversos evidentes, hasta aquellos que basan su acto en una lógica instrumental y en algunos casos son evidentes las lesiones narcisistas. «A lo mejor es que se sienten pequeños y por eso lo hacen, él siempre quería ser el centro de la risa y que todos le rieran las gracias y luego en casa sudaban todos de él» (Cristian, a propósito de un acosador de la clase).

Si bien las diferencias entre las formas de acoso protagonizadas por chicos y chicas van disminuyendo, perviven algunos rasgos diferenciales. El golpeo físico está más presente en los chicos, mientras que para ellas el recurso más habitual es la marginación de la rechazada, a la que dejan de hablar, y como decía Cris en uno de los grupos: «¡Que te dejen de lado jode más que la hostia!» Esta modalidad de acoso, el *ninguneo*, es especialmente dolorosa y llega a tener visos de auténtica desconfirmación, generando un estado de autodesprecio en muchos adolescentes, que no se ven reconocidos en ninguno de sus compañeros, con lo cual quedan ellos mismos *overlooked*, desapercibidos para todos.

Una breve viñeta nos ilustrará acerca de la posición subjetiva de una joven acosadora que no renuncia a la agresión física. R es una adolescente de 14 años, traída a la consulta por los padres a raíz de una denuncia de la escuela por haber liderado un grupo de seis chicas que han mantenido un acoso y agresión a una compañera. Se presenta con un aspecto sexualmente ambiguo, resaltando los signos masculinos (pelo corto, imagen desaliñada y desprovista de todo signo de feminidad, lenguaje procaz) y una actitud desafiante.

La pequeña de tres hermanos, perdió al padre hace cinco años —murió de manera traumática en un accidente de tráfico— y en la actualidad la madre convive con un nuevo compañero que tiene a su vez tres hijos de un anterior matrimonio, y desde hace siete meses la pareja tiene una hija en común.

Esta pérdida del padre supuso un golpe importante para R, una decepción, ya que ella tenía para él un valor especial (sus otros hermanos eran varones y el padre había insistido en tener una hija). La relación con su padrastro ha sido

La escena: acosador/acosado/testigos

muy complicada y marcada siempre por una tensión agresiva y por un rechazo manifiesto.

La nueva configuración familiar le ha supuesto quedar relegada a un lugar secundario ante la incorporación de los tres hermanastros (todos varones) y el reciente nacimiento de la hermana. Aparece aquí una versión de la familia reconstituida con una pluralización de padres y madres.

La elección de la víctima del acoso viene condicionada por los rasgos muy femeninos que presenta la chica-víctima: de origen extranjero, actúa con cierto desparpajo sexual ante los chicos y manifiesta en ello satisfacción y también docilidad ante sus peticiones. Esto a R le resulta intolerable, no soporta que esta chica consienta a una cierta posición de objeto, causa del deseo de los chicos. Destaca uno de los signos más evidentes de su versión femenina: el pelo de la chica, que luce como trofeo fálico (una larga melena morena) y que contrasta con el desaliño del pelo de R, a lo *garçon*. Es por esto que en la paliza que le propinan, y que da lugar a la denuncia, R tiene especial interés en cobrarse el trofeo y la rapa al cero.

En su relato de los hechos se aprecia con claridad las dificultades de R para encontrar una versión de la feminidad, un semblante sexual para ella. La posibilidad de un encuentro sexual, aunque sólo sea una relación «de salir», es inimaginable para ella. La versión con la que cuenta no le permite, por el momento, otra salida que una identificación viril con un fuerte rechazo a la alteridad del sexo, a la diferencia que implica ser mujer.

Lo singular de la víctima

«Me preguntas cómo llevé este acoso. La verdad es que con mucha angustia. Me notaba tremendamente inquieto y a veces me faltaba el aire, pensaba que iba a morir ahogado. Los fines de semana me quedaba en mi cuarto, a oscuras. En casa me preguntaba qué ocurría, pero yo no estaba dispuesto a decirle a mi padre que en el cole me perseguían por afeminado. Aguanté como pude y así acabé el bachillerato, pero no me saqué la angustia de encima. Cuando estudiaba la carrera una noche pensé que me estaba dando un ataque al corazón. Mis padres me llevaron a urgencias del Clínico, y allí me dijeron que lo que tenía era una crisis de ansiedad. A partir de aquel momento empecé a ir a un psicólogo y tomar ansiolíticos».

El club de la escalera. Sergio Vila-Sanjuán

«El *pharmakos* —nos recuerda Guy Briole (2015) en un excelente trabajo— era en la Grecia antigua aquel que la ciudad designaba para ser sacrificado para expiar las faltas de sus habitantes, y así evitar que las calamidades caigan sobre ella». Si bien podía ser un animal, a menudo era una persona designada y habitualmente aislada del grupo. Se trata de una noción cercana del chivo expiatorio hebreo. La lógica subyacente es la elección de alguien que carga sobre sus espaldas la culpa y cuyo sacrificio liberará al grupo de las amenazas que pesan sobre él.

Esa figura antigua sigue hoy muy vigente bajo formas diversas: los inmigrantes que hay que expulsar, limpiando las calles como proponía un alcalde del Partido Popular, los creyentes de una religión que atenta a la pureza de otra dominante. Lacan (1985) se refiere al odio celoso destinado a aquel que se le supone tener el objeto: «Un odio, un odio consistente, es algo que se dirige al ser, al ser mismo de alguien que no tiene por qué ser Dios».

Con otros términos el filósofo francés René Girard, en su célebre obra *La violencia y lo sagrado*, describe el mecanismo victimario donde explica cómo el «todos contra todos» se transforma en un «todos contra uno», concentrándose la violencia sobre el chivo expiatorio. Añade que la víctima sacrificial es elegida a menudo, de una manera consciente o inconsciente, por el hecho de que no habría «nadie para defender su causa», tesis que hemos podido verificar en los testimonios recogidos sobre las experiencias de acoso.

Esta víctima designada, nos recuerda Briole, debe ser culpable de ser extranjero o diferente. «Estos dos calificativos funcionan tanto para el interior como para el exterior de la ciudad, del país, de una comunidad más restringida». Culpable señalado por su diferencia que, como veremos más adelante, puede ser un rasgo cualquiera (estético, carácter, creencia). Del culpable al enemigo, decía Joseph de Maistre, no hay más que un paso: «todo enemigo

La escena: acosador/acosado/testigos

se convirtió en culpable y, desgraciadamente, también todo extranjero se convirtió en enemigo cuando hubo necesidad de víctimas».

Es lo que le ocurrió a Ariel: «Me llamaban hijo de puta porque era nuevo y argentino, no les gustaba mi acento. Por la tarde no quería salir de casa ni ir a clase. Cuando me fui la tomaron con un chico marroquí que llegó también nuevo».

Este sacrificio está fundado en un imperativo de satisfacción que le suponemos al otro, y que no es otra cosa que ese «¡goza!» al que nos referimos antes como principio del funcionamiento del ser hablante. En la escena del *bullying* vemos cómo en general se trata de un *crescendo* que empieza por alguna pequeña injuria y, en la medida que el otro no responde, el acosador se envalentona y congrega alrededor suyo más cómplices que van subiendo el tono del acoso. Cuando los interrogamos al respecto no parecen poder explicar con claridad los motivos exactos de ese acoso, como si el objeto del acoso se emancipase de ellos, cobrase vida propia y la propia opacidad de sus motivos lo hiciese crecer (Miller, 2015).

Frente a ese acoso no es fácil responder. Lacan (1987), refiriéndose a la experiencia inhumana y monstruosa del Holocausto, nos recuerda que ese hecho no es sino el resurgimiento de algo que ya estaba en cada uno y en cada sociedad, si bien en este caso hay una sistematización del sacrificio: «(…) resurgimiento mediante el cual se evidencia que son muy pocos los sujetos que pueden no sucumbir, en una captura monstruosa ante la ofrenda de un objeto de sacrificio a los dioses oscuros».

El sacrificio tiene, pues, un efecto de fascinación, y el sujeto «sucumbe» a la fascinación misma de este sacrificio. Como nos recuerda Briole (2015), lo que llamamos modernidad no es sino un «no querer saber del hecho que la designación de un *pharmakos*, su sacrificio como regulador de la violencia, es en sí mismo una violencia». De allí que la orientación que propone el psicoanálisis, y que sostenemos en nuestras recomendaciones, no tienda al sacrificio sino a abrir los ojos, como veremos más adelante al hablar de los adultos y de la tarea profesional en el abordaje del acoso escolar.

Freud (1919) escuchó en repetidas ocasiones la fantasía activa o pasiva compartida por muchos analizantes y construida en torno al escenario de humillación, laceración o maltrato nombrado, como «pegan a un niño», donde el odio y el amor se disputan el coloreado del sentimiento de la relación familiar y fraterna. Considera que estas fantasías, que generan satisfacción, alimentan de manera inconsciente las relaciones fraternas y sociales y también participan de los elementos de la fuente erótica de las relaciones sexuales.

Las invenciones particulares de la víctima

Abrir los ojos es ir en contra del discurso dominante sobre las víctimas, que ignora la invención sintomática de cada ser hablante, aquella fórmula que cada uno encuentra para hacer frente a sus dificultades. En su lugar propone soluciones universales, *prêt-à-porter*, como si en todos los casos se tratase de lo mismo. Cada uno tiene, como huella infantil de su acceso al lenguaje, un traumatismo que pone en juego como dato singular de su historia.

Hablar es perder el acceso directo a los objetos. Hegel decía que el lenguaje era el «asesinato de la cosa» para indicar que ese paso por el lenguaje nos marca desde nuestra infancia, y a eso lo podemos llamar traumatismo porque incluye también la huella del lenguaje como sinsentido. No todas las palabras que el otro nos dirige son incorporadas como sentido, algunas quedan como huellas, significantes sueltos que dejan marcas en el cuerpo y mantienen en suspenso una significación que está por llegar o revelarse.

Ese efecto de origen nos convierte en cierto modo a todos en víctimas del lenguaje. Es por esto que la condición de víctimas nos es tan familiar, porque está ya en el origen. La tentación es acogernos a esa posición cada vez que encontramos un *impasse* y llegar a obturar de esta manera la implicación subjetiva de cada uno en todo ese proceso, el reconocimiento de aquello que para cada uno se juega en esa escena.

Esa pasividad que en muchas ocasiones implica el significante mismo de víctima, supone que el sujeto, al igual que vemos en las categorías diagnósticas, queda mudo, sepultado tras esa «nominación para». De esta manera

La escena: acosador/acosado/testigos

queda escondido su pensamiento y también sus temores ante la posibilidad de ser activo.

Una víctima es alguien de quien se habla, en nombre de la cual se realizan actos políticos, educativos o terapéuticos. Su inclusión en la clase «víctima» la excluye del acceso a la palabra, y en ese sentido la des-responsabiliza en relación a la causa, si bien eso no la vuelve incompetente para hacer algo frente a ese abuso.

Esta universalización parte de una afinidad estructural entre el yo y la vocación de víctima, que se deduce de la estructura general del desconocimiento (Miller, 2011). El yo, instancia psíquica que rige el plano de la consciencia, «desconoce» sus claves inconscientes. Funciona apoyado en la voluntad y en la ilusión de poseer el control de sus actos. Cuando algo no funciona y hace por tanto síntoma, el yo imputa al otro la responsabilidad de esa disfunción y se siente víctima de ese otro, sean sus padres, su pareja, su jefe o sus amigos.

Se trataría pues, en nuestra escucha como clínicos o educadores, de destacar lo singular de la víctima más que aquello que la colectiviza y la atrinchera en la categoría social de «víctima de...», diluyendo así su singularidad y su responsabilidad.

Lo singular de la víctima se opone a la universalización del concepto víctima. Una de las enseñanzas que nos proporciona la clínica es verificar, en el caso por caso, el uso *off label* (particular) que muchos sujetos hacen de ese significante para desmarcarse de esa nominación que puede dejarlo atrapado.

Víctima puede ser la ocasión, como veíamos, de no hacerse cargo de lo que a uno le sucede imputando al otro siempre la responsabilidad. Pero también víctima es la oportunidad de hacerse escuchar, de usar ese significante para dirigirse al otro y denunciar su abuso. Víctima incluso puede ser el nombre que uno se da para mantener una dignidad cuando es despojado de sus recursos más básicos.

Como señala la psicoanalista Margarita Álvarez (2015):

> La dignidad puede entonces pensarse más bien como algo que un sujeto puede perder por sí mismo, que algo que los otros pueden arrebatarle o, en consecuen-

cia, devolverle. Ella nombra la capacidad de elegir, incluso en aquellas ocasiones en que, en muchos sentidos, no se puede elegir nada. Implica la capacidad de responder aunque, a veces, la única respuesta posible ante la confrontación con un real indecible sea el silencio.

Los sujetos que han sufrido acoso escolar nos muestran cómo lo singular juega un papel fundamental tanto en la génesis de esa condición de víctima como en su posible tratamiento. Estos sujetos nos enseñan, como decíamos antes, que el objetivo básico del acoso no es otro que atentar contra la singularidad del sujeto víctima, golpear en sus supuestos signos «extraños» ese goce diferente que resulta intolerable por lo que supone para cada sujeto de cuestionamiento de su propia manera de hacer y de encontrar la satisfacción. Sustraer, arrebatarle en definitiva, lo singular de cada ser hablante.

El psicoanálisis no desconoce el sufrimiento que implican los fenómenos de violencia. Su orientación hacia lo real (aquello más íntimo de cada uno), y no hacia la búsqueda de un ideal adaptativo que buscaría una normativización de los sujetos, supone pensar a cada uno como responsable —el que puede responder de sus hechos y dichos— más que como sujeto pasivo. «Desvictimizar a la víctima es así la primera forma de devolver al sujeto de la experiencia traumática la dignidad de ser hablante que podría seguir perdiendo en el juego social de las identificaciones» (Bassols, 2014).

La casuística de las experiencias traumáticas de acoso es amplia y diversa y nos permite verificar cómo ese significante de «víctima», omnipresente en nuestras vidas y en el discurso corriente, permite usos diferentes.

La extrañeza de la víctima

Al igual que los acosadores, las víctimas tampoco parecen incluirse en una categoría psicopatológica. El único rasgo en común es la contingencia de algún dato que les hace aparecer, ante el grupo, como raros: demasiado inhibidos a veces, en otros descarados o simplemente poco marcados por los logos com-

La escena: acosador/acosado/testigos

partidos (sujetos sin marca). Sus rasgos «extraños» y particulares los diferencian del conjunto (sobrepeso, uso de gafas, minoría cultural, gustos extraños, otros rasgos del cuerpo) y los hace vulnerables y presa del acosador. En ese sentido nadie ésta excluido, a priori, de su condición posible de acosador y/o víctima.

Lluís, de 15 años, explica su vivencia como acosado: «Me veía diferente por la enfermedad de mi madre (cáncer) y se me notaba. Es como si fuese especial y los otros se daban cuenta y me *burchaban*. Yo no podía dejar de pensar si mi madre se moría y no participaba en las cosas de la clase, me aislaba y eso les jodía». Miquel habla de su hermano acosado: «Empezaron cuando tenía diez años, era un autista muy maniático con sus cosas, con mucha imaginación, un blandengue que no respondía porque no le gusta la violencia y fallaba siempre en el fútbol. Era muy torpe y siempre recibía insultos de dos matones. Duró casi dos años».

Ser gordo es una condición «privilegiada» para sufrir acoso, tanto para los chicos como para las chicas. Pere empezó a recibir insultos a los diez años: «Me llamaban gordo y fati, me decían cosas y veía que nadie hacia nada, eso los animaba más. Me quedé aislado y mis padres no sabían nada por vergüenza. Tenía a menudo insomnio y dolores de barriga».

En ocasiones se trata de rasgos banales: «Le quitaban la chaqueta y la mochila, la tiraban al suelo y la empujaban. No era diferente, sólo bajita». «Lo *burchan* porque les cae mal, porque sí. Aunque no haya hecho nada la cosa se corre y todo el mundo le dice cosas. Cada día está llorando y le pegan en coña, pero él no lo toma en broma, le hace daño». El odio puro no necesita una razón especial, se funda sobre un deseo de muerte.

Otras veces la condición de extraño se asocia a la extranjeridad, a la capacidad intelectual alta o a la baja empatía. A veces es concurrente con el rasgo de algo que los demás no tienen, que resulta eventualmente envidiable (familia acogedora, dinero, ser hijo de alguna maestra...).

En todos los casos se trata de la localización de un plus-de-goce, algo que el acosado tiene y de lo cual los otros estarían privados aunque, para velar esto, a veces se destaca la falta en el otro (no sabe, no se entera...). Para ello, muchas veces hacen un uso sexual del insulto que vela de paso el agujero de su saber sobre la sexualidad que los turba. El insulto toma así una doble vertiente: la de hablar la lengua auténtica («el puto amo») y la de injuriar al otro («eres una puta»). En los dos casos sirve de refugio frente al no saber (Lacadée, 2013).

¿Por qué callan las víctimas?

> «Se limitó a abrir la puerta, subir al ascensor e intentar deshacerse de aquel nudo que tenía en la garganta. Pero el nudo no iba a irse a ningún sitio. Iba a quedarse ahí, como un aspirante a pirata dispuesto a conservar su par de ojos. A ratos incluso le dolería. Para entonces ya no sería rabia. Tampoco sería pena. El nudo simplemente estaría ahí. Y Erin tendría la sensación de que estaba creciendo. Aquella cosa, cualquier cosa, allí dentro. Cada vez más grande».
>
> *La chica zombie*. Laura Fernández

Rebelarse ante el *bullying* no es fácil y la prueba es que muchos de los acosados no pueden responder al acoso y de esta manera lo perpetúan. Ante la irrupción brutal y traumática de eso tan íntimo y a la vez tan enigmático, ese nudo real, se interrumpe la continuidad de la palabra. El sujeto queda entonces en el silencio y ese silencio en ocasiones estalla de manera muy «ruidosa» y traumática por el paso al acto suicida. Su desaparición es así la respuesta límite al acoso, respuesta muda.

¿Cómo explicar entonces ese silencio? Una primera razón, que ellos mismos nos ofrecen, es su temor a ser más represaliados, temor comprensible ya que una de las características del acoso es la disimetría entre los acosadores —y su grupo de cómplices— y el acosado, solitario en la mayoría de los casos, si bien a veces encontramos pequeños grupos de acosados donde puede haber un sentimiento de pertenencia, aunque sea negativa.

Pero sin duda hay otras razones más poderosas y en general más opacas y desconocidas para el propio acosado. Razones que tienen que ver con aquello que para cada uno resuena en la injuria recibida. Cada uno de los sujetos parece quedar atrapado en un punto de su historia que lo bloquea y le impide una respuesta. Para entender este efecto necesitamos introducir un concepto clave en la enseñanza de Jacques Lacan: el fantasma, heredero del concepto freudiano de fantasía.

El fantasma es concebido como un aparato, particular a cada sujeto, que le permite construirse su realidad psíquica y abordar así su relación con el mundo y con los otros, es como una ventana para mirar el mundo que le rodea. Su función básica es la de sostener el deseo que surge más allá de la necesidad. Lacan insistió en que el ser hablante no tiene más relación con los objetos que aquella que implica la mediación del lenguaje y es por eso que no hablamos de necesidad, como argumento biológico, sino de deseo. Elegir aquello que comemos o cómo nos vestimos no responde a la satisfacción de la necesidad de hambre o de frío, sino al deseo. Deseo que implica, en esa elección, al otro, puesto que el deseo es siempre el deseo del otro. Deseamos a través de ese otro con el que nos identificamos o vinculamos. No hay deseo puro al margen del otro.

En ese proceso de construcción de un sujeto hay un efecto inevitable de alienación a este otro. Incorporamos sus palabras, sus gestos, aceptamos su demanda pero siempre queda una satisfacción que nos guardamos, un resto que pasa por la relación con un objeto que nos la procura. Un objeto (voz, mirada, oral, anal) ligado al cuerpo y que nos da el estilo propio de nuestro modo singular de obtener la satisfacción. Para algunos girará en torno al comer, para otros en torno al acumular, otros en relación al darse a ver, al hacerse escuchar.

Esa articulación entre nuestra falta, nuestra división subjetiva, y ese objeto que nos permite recuperar el goce es la fórmula del fantasma. Fórmula opaca e inconsciente, lo que le da toda su fuerza. Es claro que nadie nace —no es una dotación genética— ni se construye su fantasma madurativamente, al margen del otro. El trabajo de formalizar el fantasma es el resultado de todo un proceso dialéctico en el que los dichos familiares, las vicisitudes biográficas y sobre todo la significación que cada uno da a todo eso es la clave de bóveda del edificio fantasmático.

Un paciente adulto, profesor universitario, acude a consulta porque su esposa, quince años más joven que él, le ha comunicado que lo dejará. Él no pue-

BULLYING

de entender las razones de su pareja ya que considera que su matrimonio y su relación parental (tienen dos hijos) van muy bien. Ella, antigua alumna suya, siempre lo admiró al igual que todos sus colaboradores. Mientras va hablando se da cuenta, y así se lo indicamos, que él siempre se rodeó en su trabajo, en sus redes sociales y en su elección de pareja, de personas que lo (ad)miraban, que lo situaban en un pedestal, como si fuera una efigie a la que adorar. Esa posición de hacerse admirar por el otro, con hondas raíces en su infancia, constituye para él el modo fantasmático de relación al otro. El objeto mirada es aquí clave para entender cómo obtiene su satisfacción.

Ese objeto causa el deseo y lo hace de una manera singular para cada persona. La escena donde eso se pone en juego admite todos los matices. En ocasiones se trata de una escena de humillación en la que el sujeto se identifica a ese objeto y se deja hacer por el otro. Lo vemos en las relaciones sexuales donde hombres o mujeres con rasgos evidentes de autonomía e independencia en su vida cotidiana ocupan, sin embargo, posiciones subordinadas y objetalizadas en el acto sexual. Hombres que se hacen golpear y humillar para obtener la satisfacción sexual o mujeres que se hacen abusar o violentar como si fueran objetos de goce, causando así el deseo de su *partenaire* y su propia satisfacción.

La escena del acoso pone en juego para cada uno su fantasma, y cuando esa escena toca directamente el lugar de objeto que cada uno realiza en él, algo le conmueve y es eso mismo lo que le impide responder por su identificación a esa posición de objeto golpeado, humillado o segregado. Luis lo explica bien cuando nos cuenta que él era tratado por los compañeros como «satánico», pero ese insulto nunca funcionó para él como injuria, ya que no se reconocía allí avergonzado y podía responder con humor e ironía. En cambio, el hecho de que se metieran con una leve tartamudez sí lo hacía sentir humillado y quedaba sin respuesta. La tartamudez alude, para él, a ese objeto que es él mismo en su fantasma y queda sin palabras ante la injuria recibida. La acusación de satánico, en cambio, lo deja indiferente ya que para él eso se juega en el terreno de su narcisismo, él se siente halagado por pertenecer a la comunidad «satánica», como estética que comparte con otros amigos y conocidos.

La escena: acosador/acosado/testigos

Esa posición de objeto en el fantasma, insistimos, es desconocida para todos. Para los acosadores que sólo intuyen que algo flojea en la víctima y golpean allí, y para el propio acosado que se ve turbado pero no puede explicarse bien por qué. Abordar el hecho de ser tratado como un objeto, en este caso un objeto de goce del acosador y los testigos, es una tarea complicada. Muchas de las víctimas, como vemos en sus testimonios, viven esta experiencia como una depreciación, un rechazo, y por eso en la mayoría de los casos su respuesta es la autosegregación, y esa condición de invisible le encierra cada vez más en sí mismo y lo desvaloriza. Por ello el aislamiento es uno de los índices más fiables de estar sufriendo acoso.

Rosana nos relata su experiencia: «Fue muy duro y tuve que hacer muchos cambios de domicilio y de instituto. Yo era muy sensible y no paraban de decirme gorda. Al final tuve problemas de anorexia porque colgaron fotos mías en Facebook. Me quedé sola en clase, aislada por todos los acosadores. No quería ir al cole y siempre tenía dolores en las piernas, en la cabeza y en la barriga».

Elaborar algo de esa posición fantasmática, para saber el lugar que ocupamos en ella, no es una tarea sencilla ni puede realizarse de manera solitaria. Muchos de los pacientes adultos nos explican sus vivencias como niños y adolescentes acosados años después, y a veces se trata de la primera vez que testimonian de ello. Como los protagonistas de la excelente obra de teatro *El club de la escalera* (Teatro contra el *bullying*) de Sergio Vila-Sanjuán, que hablan del tema treinta y cinco años después.

Es el caso también de un joven de 28 años que relata en su análisis el acoso continuado que sufrió durante toda la escuela primaria y los primeros cursos de secundaria. En su caso podemos captar la función de la escena fantasmática y como eso perpetuó la escena del acoso. Una pequeña marca en el rostro se convirtió en objeto de burla y para él tomó consistencia, porque esa marca era también la marca de la vergüenza del padre (que la tenía igual) para abordar a las mujeres. La burla del otro resonaba para él como un daño que lo reducía a esa mancha indigna y de la que él mismo no podía separarse.

Él no pudo hablar de ese acoso con nadie y tampoco con los padres ocupados en ese momento por problemas graves de salud. La humillación que sufría en silencio iba minando su confianza y provocaba su retraimiento social. No fue hasta el bachillerato, y tras cambiar de centro, que pudo quitarse de encima lo que él llama «un peso pesado» que en muchas ocasiones experimentaba, como la protagonista de la novela de Laura Fernández (2013) —joven escritora, ella misma objeto de acoso en su infancia— *La chica zombie*. Un nudo en el estomago que no le abandonaba en todo el día.

Ahora reconoce que él puede ser muy sádico en las relaciones sociales y que no duda en burlarse de compañeros o amigos apuntando a alguna debilidad que rápidamente capta en ellos. Lo que sigue sin poder resolver es su encuentro con las mujeres, donde la marca de esa vergüenza sigue muy viva para él.

Muchas víctimas, ante este encuentro traumático con su posición fantasmática, practican la estrategia del olvido, que no suele funcionar, ya que lo reprimido tiende siempre a retornar. Marc explica su historia: «Vine nuevo y me tiraban los libros al WC, me pegaban entre varios a la salida. Luego cambié de instituto y volvió a pasar, pensé que al irme me dejarían en paz pero me siguieron por el barrio».

La auto-desvalorización toma entonces la forma de un odio de sí mismos que requiere, para frenar su pendiente destructiva y mortificante, un trabajo terapéutico a veces de larga duración. Sonia (16 años):

> No quería ir al psicólogo porque no estaba loca, eran ellos que eran gilipollas y necesitaban al loquero. Yo me sentía vacía y muy enrabiada, pero no quería hablar con nadie y me encerraba en casa. Cuando la educadora vino a mi casa y me animó pensé que a lo mejor valía la pena probarlo y empecé a ir a las sesiones, y me di cuenta que yo podía hacer algo diferente para cambiar las cosas.

De los testimonios recogidos parece deducirse que la condición de víctima del acoso escolar es el resultado de la conjunción de tres elementos que se anudan así.

Por una parte, la localización de una perturbación en la imagen que ofrece la víctima, sea en su físico o en su manera de ser. Esa perturbación es cernida como extraña por el grupo de pares y se revela como una condición necesa-

La escena: acosador/acosado/testigos

ria pero no suficiente. A veces constatamos cómo ese «déficit» de la buena imagen puede ser objeto de cuidados por parte del grupo o de algunos de sus miembros que se compadecen del afectado.

Hace falta una segunda condición: que la víctima no responda, que se muestre débil y avergonzada de esa mancha que el otro ha localizado en ella. La voz del otro que resuena en su cabeza y a la que él no puede responder y, en cierta manera obedece, es un exceso que lo desborda psíquicamente en ocasiones. Ese hecho tiene que ver, como explicábamos con la escena fantasmática de cada uno, con la manera singular de cada chico o chica para subjetivar ese rasgo que el otro ha nombrado como maltratable. Esta falta de respuesta lo constituye en el lugar del «pringao»: «Si se te sube uno se te suben todos. Ven que eres un pringao, que no tienes valor para decirles nada y se meten contigo» (Johnny).

Finalmente hay un tercer elemento que es el miedo que aparece en la víctima, pero sobre todo en los testigos que, con su pasividad, dan consistencia a la escena del acoso. Miedo a quedar fuera de la escena compartida, al aislamiento y la invisibilidad por oposición al «popu», al que recibe los «me gustas» y es así incluido en el grupo de iguales como uno más. «Algunos amigos suyos se ríen cuando la machacan, otros callan porque si demuestran apoyo los pueden *burchar* a ellos. Sólo hablan por WhatsApp para que no se metan con ellos».

El silencio de los testigos

«Törless vio como Beineberg y Reiting se acercaban a éste o a aquel compañero y cómo formaban grupos en los que se cuchicheaba vivamente.

Por lo demás, no sabía si Basini había encontrado su billete, pues como Törless se sentía observado, no tuvo ocasión de hablarle.

Al principio, sintió miedo de que se estuviera tramando también algo contra él; mas ahora que se encontraba frente al peligro se sentía tan paralizado por su infortunio que habría dejado que todo se le viniera encima sin pestañear.

BULLYING

Sólo más tarde se mezcló, medroso, entre los camaradas, temiendo que de un momento a otro pudieran abalanzarse contra él.
Pero nadie reparaba en él. Por el momento sólo se trataba de Basini.
La excitación fue subiendo de punto. Törless pudo advertirlo. Reiting y Beineberg tal vez hubieran agregado hasta mentiras... Al principio todos se reían, luego algunos se pusieron serios y Basini comenzó a ser el blanco de perversas miradas. Por fin se extendió por toda la clase un sombrío, cálido silencio, preñado de oscuros caprichos.
Quiso la casualidad que aquél fuera un día festivo.
Todos se reunieron detrás de las arcas. Luego llamaron en voz alta a Basini. Beineberg y Reiting estaban de pie, a uno y otro lado de él, como dos domadores de fieras.
Una vez que cerraron las puertas y establecieron puestos de guardia, el eficaz procedimiento de hacer desvestir a Basini produjo hilaridad general.
Reiting, que tenía en la mano un paquetito de cartas de la madre de Basini, comenzó a leer una en voz alta:
—Querido hijito...
Griterío general.
—bien sabes que del poco dinero de que dispongo como viuda...
Incontenibles carcajadas, chanzas, se oyeron por todas partes.
Reiting quería continuar leyendo, pero de pronto uno de los muchachos dio un empujón a Basini. Lo siguió otro que lo empujó, a medias bromeando, a medias indignado. Se agregó un tercero y repentinamente Basini echó a correr, desnudo, con la boca deformada por el miedo, mientras iba botando como una pelota por toda la sala, entre las risas, empujones y gritos jubilosos de todos.
Iba golpeándose e hiriéndose contra las agudas aristas de los bancos. Por fin le brotó sangre de una rodilla y cayó al suelo, abatido, sangrante, cubierto de polvo, con ojos animales, vidriosos, mientras sobrevenía un momento de silencio en el que todos se precipitaron para verlo tendido en el suelo.
Törless se estremeció. Había visto el poder que tenían las tremendas amenazas de Beineberg y Reiting.
[...] Nadie concibió la menor sospecha de Törless. Éste permanecía tranquilamente sentado, concentrado en sí mismo, como si todo aquello no le importara nada».

Las tribulaciones del estudiante Törless. Robert Musil

La escena: acosador/acosado/testigos

El *bullying*, decíamos antes, plantea siempre un ternario formado por el/los agresor/es, la víctima y el grupo de espectadores, testigos mudos y expectantes. Ellos son, con su pasividad, los que sostienen el acoso continuado, de la misma manera que con su oposición podrían frenarlo. «Si todo el mundo se pusiese de acuerdo el acoso acabaría, pero el problema es que no todos se ponen de acuerdo en defender a alguien. Además yo no quiero que mis amigos se enfaden conmigo y sólo me queda callarme o *burchar*» (Iván, 15 años).

La filmación de palizas a la salida de la escuela nos conmociona por la brutalidad misma de la crueldad ejercida, pero también por la difusión en las redes sociales y por la inhibición de los testigos, compañeros y adultos.

¿Cómo entender la inhibición de los testigos? ¿Se trata de una aprobación de la agresión, de un miedo insuperable, de un goce del espectáculo o de una mera indiferencia ante el dolor de la víctima? Es posible que varias de estas razones cuenten para algunos de los presentes. El joven Törless, de la novela de Musil (*Las tribulaciones del estudiante Törless*), testigo de la violencia sobre Basini, asiste impávido, molesto y al tiempo fascinado sin saber si es por la crueldad de los acosadores o por la falta de coraje de la víctima.

En cualquier caso, lo que comprobamos en estos hechos es que la figura del testigo mudo y cómplice es clave por dos razones. Por una parte su mirada —muchas veces retransmitida por las pantallas (móviles, redes sociales)— añade un plus de goce al recrearse en la crueldad y el dolor del otro sin por ello implicarse en el cuerpo a cuerpo. Al tiempo concede cierto protagonismo al agresor por la viralidad de las imágenes.

Por otro lado, inhibirse, y por tanto hacerse cómplice del fuerte, asegura a cada uno imaginariamente su inclusión en el grupo dominante y evitar así ser excluido de él por «friki» o «pringao». En este momento vital los adolescentes dudan de su condición de «normales», temen «no dar la talla» y ser apartados quedando como los raros, como aquellos a los que les pasaría algo que los haría diferentes y susceptibles de ser excluidos. «Si alguno protesta acaba de pringao. Además, ¿cómo vas a ir en contra de tu amigo aunque sea acosador? Por eso me callo y así estoy bien con todos» (B, 14 años).

BULLYING

Rafael, acosado durante un curso, se refiere a sus compañeros: «Cuando dejé el "insti" se metieron con otro y algunos compañeros me dijeron que a lo mejor podían haber hecho más que mostrar a veces enfado con los acosadores, pero nadie me ayudó por miedo a ser ellos mismos unos pringaos». Carla se justifica así: «A mí me sabía muy mal lo que le pasaba, pero tenía miedo que si le ayudaba me dejaran a mí de lado, me marginasen como a ella» o Mario: «Es difícil, tío, salirte del grupo porque entonces te ven débil y van a por ti. Es mejor pasar desapercibido y que no se fijen en ti. A veces le insultaba para disimular pero no me gustaba. Lo hacía porque yo no quiero ser un pringao».

El acoso es, pues, una forma de sustraer al sujeto su síntoma particular, aquello que aparece en él como rareza, signo de alteridad, para promover la homogeneidad del goce, que todos se satisfagan de la misma manera, con los mismos gustos y estilos. Se constata así, como decíamos antes, el empuje de un cierto puritanismo que fundamenta la intolerancia frente al que se sitúa fuera de la norma. «Yo casi nunca me quedaba callada pero no servía de mucho. Y además si la defendía mucho se metían conmigo y aunque sudes de ellos y no les sigas la corriente, no te dejan en paz. Tienes que hacer como todos» (Vero, 14 años).

La función de la injuria, tan presente en todos los casos de *bullying*, es decisiva, ya que apunta a la identidad del ser de goce de alguien que no comparte ese estilo de vida y que por ello es separado del espacio común y segregado. Las palabras, nos enseña el psicoanálisis, pueden matar, sobre todo cuando se dirigen al ser del sujeto para aniquilarlo (Bonnaud, 2015). De allí que en algunos casos el suicidio aparezca como la única vía para restituir la dignidad humana: «No pudo más, hacía días que lo decía por Facebook pero nadie le hizo caso, sabíamos que se debía sentir mal por dentro. A mí me pasó una vez y era como si me humillaran. Delante de ellos hacía como si nada pero en casa lloraba. R no pudo aguantarlo y se tiró. Pienso que podíamos haberlo evitado si no lo hubiéramos tomado en coña y con menos miedo» (Carla explica el suicidio de su amiga R, de 15 años).

De los testimonios recogidos llama la atención que en casi ningún grupo de alumnos se proponga, como respuesta al acoso, la oposición activa de los

La escena: acosador/acosado/testigos

testigos al acosador. Se propone mayor protagonismo de los adultos, profesores o padres, o bien soluciones de respuesta individual del acosado, pero casi nunca se confía en que los compañeros dejen de ser cómplices del acoso y apoyen al acosado. «A mí me molesta que repitan lo mismo, me cabreo y funciona porque me tienen miedo», «Si les pido yo, que soy su amigo, que dejen de *burchar* me harán caso y pararán unos días, pero ella no puede porque no tiene amigos». «Me intentaron vacilar por gorda, pero vieron mis intenciones de darles un guantazo y se callaron todos».

VII
DOCENTES Y PADRES: ¿ADULTOS DIFUMINADOS?

La escena del acoso tiene su trasfondo en el mundo adulto, el de los docentes, pero también el de los padres. Ellos raramente asisten a esa representación en directo, pero eso no quita que estén convocados para sancionarla. Los testimonios recogidos, como veíamos antes, hablan de silencios, ausencias, desconexiones, pero también de presencias, intervenciones y compromisos. No parecen adultos desconectados, sino más bien difuminados como efecto del eclipse de su autoridad, analizada en capítulos anteriores. No hay tampoco, como en los lugares de la escena ya comentada, características fijas y homogéneas, hay diversidades.

Estos padres del mundo de hoy vivieron la pubertad y adolescencia de otra manera. Su gran reto fue acceder a la vida adulta pertrechados de ideas propias. La solidez de tal hazaña consistió en ser alguien con una posición propia frente al pasado. Encontraron un lugar en la serie de las generaciones para representar su diferencia y muchos lo lograron.

La voz aparecía en primer plano. El mundo de la mirada y la imagen se hallaba en la cola de despegue. Aún no había llegado a su cénit. Este nuevo enfoque del mundo estaba reservado a generaciones posteriores.

Esa adolescencia vivió su tiempo de metamorfosis entre disputas ideológicas. Bullían las ideas en las cabezas. Tenían confianza en encontrar las respuestas que, con mejor o peor fortuna, resolverían la crisis abierta entre las maneras de pensar infantiles y el mundo de los adultos.

Resumámoslo así: los adolescentes del pasado fueron *yoes pensadores*. Los *egos emocionados con sus cuerpos parlanchines* aún estaban por llegar. El cuerpo parecía olvidado o poco visible. El destilado de ideologías religiosas e higiénicas recordaba a padres y maestros que había que tomar distancia de la sexualidad y que ésta era tóxica. En caso de desbocarse podía promover individuos ingobernables. La sexualidad estaba proscrita. No se hablaba de ella, no había esperanza por su educación. La suerte del cuerpo no era otra que tornarse clandestino y dar rienda suelta a las transgresiones que afirmaban la sexualidad reprimida.

Hoy en día, los adultos, padres y docentes están preocupados. Y ponen su confianza en las políticas de salud. Piden que se vaya más allá de contabilizar los trastornos por exceso, inhibición, compulsión o restricción. Ya no confían en el sacerdote, el filósofo, el pedagogo. Son figurantes caducos, puestos en fila antes del relevo de su autoridad en manos del técnico en ciencias de la salud.

Los adultos, los ciudadanos de orden, creen, muchos sin saberlo, en la biopolítica a la que nos referimos antes. La biopolítica se soporta en una trinidad nueva (control, salud, seguridad) que impregna la sociedad y tranquiliza a los ciudadanos incautos. El control consiste en reducir la subjetividad a un número, un dato poblacional mediante la manipulación de cifras y estadísticas (*Big Data*). La seguridad fantasea con eliminar la variedad de respuestas para optar en exclusiva por un protocolo de intervención rígido que evitaría cualquier error. La salud seria entonces el bien supremo, entendida como el funcionamiento óptimo del cuerpo reducido a su condición de organismo. Donde había sujeto y deseo ahora tendríamos al hombre neuronal reducido a su funcionamiento cerebral.

Esta nueva trinidad, con semblante creíble porque la ciencia y el mercado la auspician, se ofrece a sustituir la trinidad de la modernidad. La libertad, la igualdad y la fraternidad están por caducar ante el nuevo arte de gobernar cuerpos. La trinidad de la modernidad reconocía sujetos de derecho. Ahora el sujeto de derecho es reciclado y toma imagen como individuo sano.

La biopolítica autoriza a ejercer la soberanía política sobre una población diana, que el gobierno o la administración de turno debe manejar en nombre de la salud, nuevo bien supremo que justifica el control de los cuerpos. Eso permite incluso nombrar nuevas categorías de víctimas (Laurent, 2014a). Todo ello deja atrás al sujeto de la demanda, que antaño se dirigía al médico

Docentes y padres: ¿adultos difuminados?

en nombre de sus afecciones y dolores propios, para sostener con él un diálogo que incluía su síntoma, pero también sus vicisitudes cotidianas (trabajo, familia, vecinos).[1]

El siglo XXI depara, como ya hemos justificado a lo largo del libro, una nueva relación de los chicos y las chicas con su cuerpo. Más allá del cuerpo freudiano de la modernidad, nos encontramos en el cénit de la presencia de la mirada que estimula los egos emocionados. Algunos van más allá y actúan para desprenderse o separarse de ese cuerpo-saco que se transforma y los angustia.

La clínica nombra estas acciones como *pasos al acto*. La salud mental inspirada en el freudismo solía acordar que la persona acomete un paso al acto para desembarazarse de la sensación, del sentimiento o de la angustia que percibe o con la esperanza de encontrar la manera de pensar de otra manera su situación o conflicto.

Si las figuras de autoridad no se percatan de ello pueden promocionar *actings out*, escenas en las que se actúa un *impasse* y se dirige una pregunta al otro adulto, que asiste a la escena callado, sin poder acoger bien esa pregunta y sin encontrar la respuesta adecuada. A eso muchas veces nos referimos como «quieren llamar la (nuestra) atención».

Ahora los cuerpos les rallan tanto o más que los discursos de los profesores y los padres. Sus murmullos les agobian. Muy a menudo hacen por no escuchar o por acallar ese cuerpo. Ese parloteo merece ser acompañado por buenos secretarios puestos al día sobre la subjetividad contemporánea. Dispuestos a colaborar en la traducción de esas peticiones mudas. Y los padres también pueden hacer un cierto entrenamiento para no hablar únicamente con los hijos, también pueden entrenarse para comprender sus cuerpos.

---

1   El estilo «asistencial» que describe el periodista y escritor británico John Berger, a propósito del médico rural John Sasall, queda ya como una reliquia si lo comparamos con el protocolo actual de visita en la atención primaria, en la que el médico presta más atención a los requerimientos del aplicativo informático que a la escucha del propio paciente, al que apenas mira. Dietario de viaje del periodista, acompañando a un médico rural en la Inglaterra de la postguerra: *Un hombre afortunado*, editado por Alfaguara (2009).

BULLYING

Como planteaba Hanna Arendt (2003), el mundo no está dividido en dos, el mundo de los niños y el mundo de los adultos. A pesar de la dimensión mercantil que ha adquirido la infancia, compartimos con Arendt su idea de que sólo existe el mundo de los adultos y somos nosotros los que hemos traído a él a los niños. En este sentido, padres y docentes, tenemos una responsabilidad por lo que pasa en la infancia.

La inquietud de los padres

Hoy en día la relación entre padres e hijos está afectada de una nueva interferencia. Ya hace un tiempo que constatamos cómo la función paterna ha dejado de pertenecer en exclusiva a los padres, como sujetos portadores de una historia y de una subjetividad. Ahora se trata más bien de un nuevo paradigma educativo donde se espera que la ciencia, tomada como Otro del saber que rige nuestra época, venga a decir cómo educar a los hijos. No es por casualidad la proliferación de libros y programas televisivos donde prima la psicoeducación, fundada en muchas ocasiones en dudosos descubrimientos pseudocientíficos.

Hoy convivimos además con la llamada brecha digital, que tiene un carácter muy diferente de lo que podíamos entender como la brecha generacional, ya que ante esta brecha había la posibilidad de hacer un relato, de decir algo que sirviera de puente. La brecha digital, en cambio, marca una diferencia entre hijos y padres que es más bien del orden de un vacío. Un no poder decir nada sobre eso, que deja a los niños más solos respecto de cómo manejarse con ella, por ejemplo, sobre lo que se puede decir o no en las redes sociales. Es obvio que el anonimato digital favorece que los niños digan a través de las redes algunas cosas que nunca se dirían frente a frente. Un padre lo explica muy bien: «Es muy importante que los padres seamos conscientes de las barbaridades que los niños pueden hacer a espaldas nuestras en las redes: qué hacen, qué escriben».

Esta apreciación nos permite también interrogar la manera en la que el lazo social, es decir, las relaciones entre los niños, quedan afectadas por este «difu-

Docentes y padres: ¿adultos difuminados?

minado» de los adultos y nos advierte de la necesidad de estar atentos sobre cómo los niños se relacionan unos con otros.

¿Qué dicen los padres sobre el acoso?

Conviene, como previo, destacar la importancia de que tanto los padres y las madres, así como las experiencias que relatan en relación a sus hijos, son muy diferentes entre sí, y que estas diferencias deben siempre mantenerse en primer plano, a pesar de que para comprender el fenómeno recurramos a algunas generalidades.

Todas las madres y padres entrevistados reconocen que su hijo/hija presentaba una característica que lo hacía diferente de los demás. En palabras de una madre: «la diferencia predispone al *bullying*». En relación a este dato, hemos encontrado que este rasgo de la diferencia, «ser rarito», como lo nombraba un padre, puede darse en relación a un menos (conductas de retraimiento, no gusto por el fútbol, o preferir estar con niñas: «siempre ha sido un niño especial, le gustaba jugar con muñecas»), como en relación a un más, como puede ser mostrar intereses por la ciencia o por la historia, intereses muy específicos que la mayoría de los niños desconocen.

Una madre nos cuenta que su hijo de 12 años diagnosticado de TEA (Trastorno del Espectro Autista), ya a los 7 años sufría de no tener amigos y amenazaba con tirarse por la escalera. Nunca le gustó el fútbol y se sentía muy atraído por la astronomía, los inventos, los planos, los ovnis. Hoy es «alguien muy sensible al tema del *bullying*», y le dice a su madre que de mayor «quiere ser el Nelson Mandela del *bullying*».

En el caso de dos de los padres entrevistados se trataba de chicos con altas capacidades. Ambos asistían a instituciones específicas que un padre nombra como «oasis de raritos». En otros casos se trataba de niños identificados como «débiles» por sus propias madres, y esta debilidad se definía como que «no respondían con agresividad» a las agresiones o a los insultos de otros niños. En otros casos encontramos una dificultad para diferenciar el niño chinchón, molestón, del niño agresivo.

BULLYING

«Nadie está preparado para tratar con la diferencia», dice un padre. «Pasa en todas las especies animales donde se da el rechazo al rasgo diferente. Y los niños sí que ven la diferencia, aunque tú no la veas, ellos sí la ven». Este comentario nos interroga sobre qué ha pasado en el campo escolar para que las diferencias individuales hayan pasado a ser susceptibles de considerarse debilidades, y por lo tanto algo que debe ser excluido porque genera angustia, y como consecuencia, pasos al acto que las eliminen. Lo que se ataca en el otro es la propia debilidad, aquello de lo que cada uno cojea y resuena en uno mismo, si bien lo imputamos al otro para desconocer la propia cojera.

En este punto destacamos que estos padres no parecen sorprendidos de lo que ha pasado con sus hijos, lo que puede estar relacionado con el hecho de que los padres pudieran tener ciertos temores previos (quizás no siempre conscientes) de que esto iba a ocurrir. Esto nos lo hace patente un padre que mandó a su hijo a practicar artes marciales a los siete años para defenderse, ya que eso «le ayudará a superar el miedo de que le vayan a pegar».

Entendemos que esta cuestión puede estar relacionada con la consideración previa de los padres de que las características de su hijo lo hacen victimizable. En algunos casos exponen claramente que el niño ha vivido situaciones de cierto rechazo, desprecio o falta de vinculación positiva con alguno de los padres. Esto nos remite a la pregunta de cuál es el modo vincular del niño en su familia, su forma de apego. La humillación, la decepción, la vergüenza o el desprecio parecen ser experiencias que el niño ya ha vivido en su propia familia.

Es una evidencia, recogida en numerosas investigaciones, que los vínculos tempranos con los padres y las figuras de apego son determinantes para desarrollar en el niño sentimientos básicos de pertenencia, protección y confianza. Podemos establecer una relación entre las dificultades que experimenta un chico en el establecimiento de sus relaciones sociales y la experiencia infantil de sus vínculos familiares.

A este respecto, las conclusiones de la investigación sobre «Estilos de apego y acoso entre iguales en adolescentes» (Magaz, 2011) confirman que el estilo de apego familiar preocupado/temeroso parece relacionarse con los comportamientos de internalización y se asocia a una mayor vulnerabilidad

Docentes y padres: ¿adultos difuminados?

para sufrir conductas de acoso, mientras que el estilo de apego de tipo evitativo está relacionado con los comportamientos de externalización y se asocia a conductas activas de acoso.

En sentido similar, Bartholomew & Horowitz (1991) describen el vínculo inseguro/preocupado, caracterizado por un exceso de implicación y preocupación acerca de los vínculos personales, predominando el tono conflictivo de agobio, miedo, enfado. Ello acompañado por la tendencia a idealizar al otro y a asumir las culpas cuando se sienten rechazados y una falta de objetividad, preocupación o confusión, al valorar las experiencias o vínculos pasados y presentes. La existencia de conflictos del pasado no resueltos genera implicación y dependencia excesivas en sus relaciones personales con una elevada necesidad de aceptación. En muchos de los casos que hemos recogido, las relaciones fusionales entre madre e hijo son a menudo anticipatorias de conductas victimarias reforzadas por la madre.

Junto a esta idea, observamos también la proyección en el hijo de las experiencias que los padres han vivido en su infancia. Es común que los padres reconozcan que vivieron alguna situación parecida, como no haber tenido amigos, tener poca capacidad de respuesta a los ataques, timidez que dificultaba sus relaciones, o directamente considerar que lo que padecieron entonces ahora sería nombrado como *bullying*. Como dice una de las madres que entrevistamos: «Aquello que padecí entonces, ahora sé que es *bullying*». Ella cuenta cómo había un niño que se metía con ella, que le pegaba y que incluso la presencia de su padre no disuadió al niño de agredirla.

Es evidente en los padres entrevistados la soledad y las dificultades que sufren para tratar sus propios conflictos, que acaban proyectándolos en los hijos, como la madre que dice: «Echo de menos tener más complicidad, somos dos pedruscos mirando al infinito».

Los padres reconocen en todos los casos alguna característica en sus hijos que explica una diferencia que provoca rechazo y exclusión, pero en muchos casos esa diferencia la consideran de forma muy ambivalente: ¿esa diferencia es un valor o un problema? Es el caso de una madre que dice que «su hijo es un motivo de orgullo, mientras que su padre lo desprecia». Tienden a reconocer en sus hijos mucha fuerza, clave para no sucumbir (suelen hacer referencia en este punto a otros chicos que se suicidan) y califican a sus hijos de resilientes por sus capacidades o carácter.

Así pues, se dan muchas oscilaciones en la valoración que los padres hacen del rasgo que diferencia a sus hijos/as. En unos casos los padres representan polarizadamente la valoración/rechazo y en otros casos la ambivalencia está integrada en cada uno de ellos y en la relación con sus hijos. No podemos olvidar que un hijo es, necesariamente, alguien especialmente sensible a las proyecciones que los padres hacen sobre ellos

Ana Campelo (2015) critica el discurso dominante sobre el *bullying* porque, dice, es un discurso que rechaza el conflicto. Esta tesis la hemos verificado en el testimonio de los padres al observar (y nos ha llamado poderosamente la atención) que ningún padre ni madre se preguntara por qué estaba pasando eso con su hijo o con su hija. No hay la pregunta, pero hay la justificación por la debilidad: «Como son débiles, por eso les pasa».

Abrir los ojos

Cuando se les pregunta a los padres cuándo se dieron cuenta de lo que estaba pasando, descubrimos que en varios de los casos la situación de acoso que estaba sufriendo un niño se manifestaba cuando éste mismo niño era castigado por los profesores por alguna conducta incorrecta. Eso puso de manifiesto que el niño se estaba defendiendo frente al acoso de los otros niños.

En la mayoría de los casos, las circunstancias que después fueron objeto de acoso se observaron tempranamente: la soledad es un rasgo general, en el patio, en los equipos, en los trabajos. No quieren ir al centro y lloran porque los niños se ríen de ellos. Son frecuentes las somatizaciones en los cursos finales de la primaria o en los primeros de la secundaria, cuando el daño causado se hizo más patente, más visible y llamó la atención de los padres, o escucharon algo que el hijo podía estar diciendo. Los padres en un primer momento no perciben la seriedad de lo que está pasando y tratan de quitar importancia.

Docentes y padres: ¿adultos difuminados?

Y puede pasar mucho tiempo porque estas situaciones, en todos estos casos, empezaron en la primaria.

La soledad y el aislamiento del niño/a la ilustran los padres con imágenes como la de un niño que ha puesto nombre a dos piedras del patio que son sus únicos amigos en el cole. Algunos padres suelen observar a escondidas a su hijo en el patio, en las horas de salida y entrada, en los espacios donde los chicos se agrupan de forma natural y observan con mucho dolor que están solos. Una madre lo explica así: «Los niños que sufren acoso están solos y se sabe que no van a responder».

Cuando el acoso pasa a las redes sociales es cuando los padres consideran que se ha cambiado de nivel. «Es el ataque anónimo y cobarde, hacen barbaridades sin dar la cara. Antes se peleaban dando la cara pero ahora no hace falta el daño físico», dice un padre. El acoso ya no está limitado a un espacio físico y social, se dispara hacia todos lados, participa mucha gente y se expande de forma exponencial, y la capacidad de defensa ante eso es mínima. Algunos padres en este momento toman una acción más decidida y se culpan de no haberle dado quizás la dimensión que el acoso ha ido tomando. «Cuando empezó el acoso en Internet, ahí empecé a meterme», dice una madre.

El documental *Bully* (2011), que tuvo un gran impacto en Estados Unidos,[2] cuenta la historia de cinco estudiantes que sufrieron maltrato en la escuela. Destacamos tres elementos que pone de relieve el filme a través de uno de los casos tratados, el de Alex Libby, un chico de 12 años. El primero es el desconocimiento por parte de los padres de que su hijo está siendo maltratado y cómo conocen la situación a través de las grabaciones. El segundo punto es la vergüenza que la situación genera en su hermana, quien dice avergonzarse de que sea su hermano. El tercer punto consiste en el desinterés de la tutora respecto de los hechos que le relatan, hasta que sabe que está siendo grabada.

---

2 Dirigido por Lee Hirsch, se presentó en el festival de cine de Tribeca. Consultado el 14 de junio de 2015, http://www.eluniversal.com/arte-y-entretenimiento/cine/120423/documental-bully-sacude-eeuu-con-su-retrato-del-acoso-escolar.

BULLYING

¿Cómo actúan ante esto que ya no pueden no ver?

Sus respuestas son variadas y en diversos frentes. Por un lado, la relación con el centro, sobre la cual reconocen en todos los casos que nunca ha sido la escuela la que se ha puesto en contacto con la familia ante el problema de su hijo. Han sido los padres que han señalado explícitamente el problema, y para entonces la relación con el centro ha resultado en muchos casos decepcionante. No encuentran pronto el reconocimiento de la situación y no sienten claramente una postura de alianza con la familia.

Incluso puede pasar que se tome como maltrato algo que forma parte del juego relacional infantil, y fijar así comportamientos sin intención de acoso y que escapan a los propios niños. Como el niño que le dice a una compañerita «¡come! porque hay muchos niños que se mueren de hambre», y el comentario es tomado por los padres de la niña (que tenía problemas con la alimentación) como una forma de maltrato.

En todos los casos relatados por los padres (no fue así en los testimonios de los docentes, donde sólo en un 20% de los casos se produjo un cambio de centro) ha habido además cambio de centro, y esta decisión lleva su tiempo. En general, los padres quieren el cambio y los chicos prefieren esperar. En algún caso los padres esperan la decisión del hijo pero en otros no. ¿Cómo se aborda la situación en el nuevo centro? En dos planos: los padres hablan con los profesores pero al chico se le pide que no entre en el centro hablando de la problemática, y con indicaciones de «entrar sin historia» y de «hacer lo que hacen los demás».

Pasan bastantes cursos antes de hacer efectivo un cambio. Una mamá explica bien qué esperan los padres del centro: «En el nuevo cole mi hijo ha tenido los mismos problemas, pero siento que ahora el cole comprende a mi hijo y el colegio hace frente con la familia con actitud esperanzadora, no derrotista».

Otra de las respuestas de los padres pasa por ponerse en contacto con los otros chicos/as. No es una respuesta mayoritaria, ya que habitualmente los padres esperan que sea el centro quien lo haga. Cuando creen que el centro no está interviniendo en este sentido o no está siendo eficaz, entonces toman la

Docentes y padres: ¿adultos difuminados?

iniciativa. No suele tener como efecto poner fin a los comportamientos hostiles y en algunos casos incluso los potencian.

Es también una queja generalizada de los padres entrevistados el poco o nulo apoyo recibido por los otros padres o por el AMPA (Asociación de Madres y Padres de Alumnos). En otros testimonios, como el del profesorado, la perspectiva es diferente, influida sin duda por su concienciación sobre el tema.

Otra respuesta posible pasa por poner una denuncia, si bien los padres consultados no han puesto ninguna contra el centro. En una ocasión una madre hizo una notificación a Inspección, pero no quiso denunciar porque tenía otro hijo en el mismo centro y no quería que eso le perjudicara. Sin embargo, sí que en tres casos han interpuesto denuncias contra los chicos: dos por ciberacoso y una por agresión de compañeros fuera del colegio.

Otra opción es pedir ayuda profesional. En algunos casos para los padres ha sido una buena elección, para ellos y para los hijos. Sobre todo porque percibían que su hijo «no tenía ni idea de lo que pasaba y que iba dando palos de ciego». También para los padres es muy importante que alguien les oriente. Cuando las diferencias de percepción y posición ante el problema, entre la familia y el centro y/o entre los diferentes miembros de la familia son grandes, el problema del chico se convierte en el tema de enfrentamiento entre los adultos.

Aquí constatamos la dimensión familiar del *bullying* y la diferente percepción de sus miembros. Cuando los interrogamos acerca de cómo lo afrontaron los diferentes miembros de la familia constatamos dos cuestiones. La primera es la participación decidida de la madre en todos los casos, sólo en dos de ellos el padre toma cartas en el asunto. En general, las madres captan más el sufrimiento y el daño de sus hijos. En relación a los padres lo que está más en juego es la confrontación y la reparación.

Destacamos también la forma en que los hermanos han percibido la situación. Generalmente, los hermanos mayores quitan importancia al problema diciendo que «siempre pasan cosas en el colegio», o «siempre hay algún niño con el que se meten», y aconsejan a los padres que no digan nada porque eso puede agravar las cosas. Esta cuestión nos parece interesante señalarla porque indica muy bien de qué forma la posición de los niños difiere de la de los padres y los adultos. Por eso es importante que los adultos valoren qué ha de ser tenido en cuenta y qué es lo que puede pasar. Es posible que algunas situaciones, que acaban en maltrato, empiecen como bromas que han ido adquiriendo una dimensión que escapa al adulto. Incluso puede también tomarlas como tal y finalmente llegar a situaciones que desbordan a los propios niños.

Lo que hemos observado es que las situaciones en las que los padres no comparten la apreciación, se desentienden o incluso, como en un caso, se niega a reconocer la situación, señalando la victimización del hijo, la soledad del niño/a aumenta y esta soledad, curiosamente, puede generar conductas que producen más rechazo.

Las madres se presentan generalmente solas ante esta situación y lideran la defensa de su hijo y la interpelación a la escuela para que reconozca el problema y actúe. Los padres aparecen más difuminados, no dan tanta importancia a lo que ocurre o en algunos casos depositan el problema en el hijo. Entre los padres y madres hay una diferencia. Las madres perciben el fenómeno y tratan de resolverlo. Del lado de los padres aparece una acción más difusa, alguno incluso señala que esta situación le avergüenza, el hijo sufre maltrato desde la primaria, y esta humillación paterna se instala como base en la relación padre e hijo.

Las madres hablan más con sus hijos, «al padre le cuesta más» dice una madre que comenta que «el padre es muy futbolero pero a su hijo no le gusta el fútbol». Las madres están más por resolver el problema hablando, mientras que los padres suelen proponer que los niños se defiendan, aunque sea de forma violenta.

En cuanto a la posición de la pareja parental aparecen grandes diferencias. La mayoría de las madres que han participado están separadas, lo cual, como decíamos, las deja bastante solas. En algunos casos, además, muy criticadas por los padres por un exceso de sobreprotección de sus hijos, lo cual favorecería su victimización.

La posición de los hermanos merece especial atención y así lo señalamos en las recomendaciones. Los hermanos se ven también afectados, más aún si comparten el mismo centro escolar. Dan respuestas que pasan por la minimización del problema, como algo que pasará, e indican a los hermanos que no hagan caso, que aprendan a evitar el problema. En algún caso pueden aliarse más claramente con el hermano, pero en el conjunto de casos no hemos encontrado una defensa muy firme.

Cuando se da el acoso sobre un hijo, la atención familiar se centra por mucho tiempo y con mucha intensidad sobre él. Esto puede provocar en los otros hermanos una merma de atención e interés y el sentimiento, a veces fundado en evidencias, de que no se toma en cuenta su propio sufrimiento. Es lo que señala la madre de una chica cuyo dolor fue emergiendo en la medida que el del hermano se fue resolviendo.

Docentes: lo que se cuela en la escuela

Hemos escuchado de manera repetida en los testimonios de los alumnos que «los profes no se enteran de nada» y, como decíamos antes, más allá de la exactitud de los hechos lo que este reproche desvela es una cierta espera de los adolescentes respecto a los adultos de proximidad: padres o educadores. Una madre nos cuenta cómo su hija le decía tempranamente, cuando iba a buscarla a la escuela: «No me dijiste que tardarías tanto tiempo en venir a buscarme».

O el caso de un chico que al inicio del curso pregunta si es obligatorio ir de colonias. A partir de la conversación indagadora de la tutora, el chico acaba mostrándole mensajes de correo electrónico de contenido muy hiriente y agresivo, usando un lenguaje poco corriente en el centro escolar donde se estaba produciendo. Centro donde los alumnos muestran habitualmente conductas de apariencia contenida y «políticamente correcta». Los mensajes se envían entre partituras musicales que forman parte del trabajo escolar del centro. Se comunican a través de perfiles anónimos que se puede identificar que son del centro, porque tratan sobre anécdotas que sólo se pueden conocer estando en la clase. Asimismo, se puede identificar que son varios los acosadores por el estilo de escritura y el tipo de datos y mensajes.

BULLYING

La tutora muestra su sorpresa al darse cuenta del tiempo en que este sutil acoso había estado dañando al chico sin que nadie se diera cuenta. La actuación al respecto resultó muy difícil, justamente por el carácter altamente encubierto de la acción y por la incógnita respecto al número de acosadores que se escondían tras los perfiles digitales anónimos. Lo destacable del caso es el recurso del chico a la tutora de la que espera una respuesta.

Situación parecida es la de una alumna que notifica a la tutora que un chico lo está pasando mal porque muchos se ríen continuamente de él. Cuando la tutora intenta hablarlo con el chico, éste lo niega, de modo que sólo se desvela por los detalles que aporta la compañera de clase, a pesar de la negación del protagonista acosado. Fue necesaria una intervención muy contundente por parte del centro para llegar a descubrir a los agresores escondidos.

Este recurso al profesor, en espera de una reacción que ayude a la víctima del acoso, requiere también de la disponibilidad del docente, que debe mostrarse receptivo. Lo constatamos en el testimonio de los docentes de un centro pequeño que acoge alumnado «de nueva oportunidad», rebotado de centros anteriores, que a menudo han acumulado fracasos académicos y conflictos relacionales con compañeros y profesorado. Las características de la escuela (dimensión, objetivos educativos, orientación del profesorado) permiten que no se reproduzcan escenas de acoso entre alumnos que provienen de distintas situaciones en las que este conflicto ha sido común.

Dos chicas entran en un conflicto muy asimétrico en el que la chica dominante es una alumna que anteriormente había sido acosada. Muy pronto se observa que se trata de «dos débiles enfrentados». La chica acosadora se juntó con otros chicos para atacar a un tercero al que pintaron y golpearon. Aunque en dicha situación no se llegaron a desarrollar las características de larga duración propias del *bullying*, se pudieron observar otros rasgos en común, como fueron la soledad y la indefensión del agredido a lo largo de un período.

La respuesta, muy diligente, por parte del profesorado permitió dar un giro en poco tiempo a la situación. Se pudo comprobar el papel protector de la cercanía del adulto y del vínculo existente, como motores del apoyo necesario posterior.

Docentes y padres: ¿adultos difuminados?

La hospitalidad del docente, su capacidad de acoger el sufrimiento del alumno, sólo es posible si se está atento al otro, más allá de la preocupación, exigible, por el rendimiento académico (Bárcena, 2000). Es lo que le permitió a una chica, muy potente académicamente pero con cierto grado de «frikismo», explicar su sufrimiento. Era muy aplicada en los estudios, «lo que hoy en día —explica su tutora— resulta poco *cool* entre los compañeros: esforzarse, ir en busca de un sobresaliente sabiendo que tienes potencial...». Es una chica con una madurez personal por encima de la media del grupo, que la vive como empollona.

«Llegado un punto, la chica decide tirar para atrás y deja de venir a clase, dice que le duele la cabeza...». Poco después, la familia lo comenta a la escuela. La chica no es nueva en el grupo y podría ser que la situación viniera de antiguo. Todo lo dicho se acompaña de características físicas como el no ser muy agraciada y ser muy alta. Desde hace tiempo han empezado a llamarla jirafa.

La revelación por parte de la chica surge a partir del interés mostrado por su profesora-tutora, que consigue que acabe explicándole su sufrimiento, después de haberlo contado también a sus padres. Desde entonces se inicia un largo trabajo con el grupo clase, con frutos limitados ya que, aunque la chica continúa asistiendo al centro, se producen altos y bajos en la relación con los compañeros.

A veces esta conexión entre los tutores y los chicos/as permite que el problema pueda ser incluido en una conversación más amplia dentro del espacio de la tutoría de clase. Un chico llega a Barcelona desde un instituto de otra población, huyendo de una situación de acoso que le había hecho sufrir sin conseguir solución. Tiene un CI (cociente intelectual) muy alto y alguna característica física que es vista por sus compañeros como rasgo friki. Al acceder al centro pide al tutor que no explique nada en la clase sobre su situación anterior y que tampoco hable de su CI.

Pasados diez días, y en el marco de una tutoría colectiva, el chico «se desnuda emocionalmente» contando a la clase lo que le había ocurrido en el centro anterior. Con ello, inicia un curso sin dificultades relacionales y, aunque aparecen distintas singularidades que se prestan a comentarios y algún altibajo en la relación, el grupo consigue autoregularse y no aparece ningún nuevo episodio de acoso.

Las estrategias del profesorado son variadas y dependen mucho de nuevo del interés y de la capacidad de invención, esa *auctoritas* a la que nos referíamos antes y que constituye la verdadera capacidad del docente para acompañar a sus alumnos. Nos lo muestra el tutor de un aula de PFI (Programa de Formación e Inserción), en la cual la mayoría de chicos tienen comportamientos bastante conflictivos. Un chico actúa como el fuerte respecto a otros chicos de origen extranjero, que se muestran siempre tristes. Otro chico de la clase informa al tutor que el acosador está haciendo la vida imposible a los otros dos chicos.

Las cosas empiezan a cambiar después de que el tutor organice un partido de fútbol (conociendo la especial destreza de los chicos acosados), y se pone de manifiesto la habilidad de los dos chicos. A partir de aquel momento la situación da un vuelco, hasta el punto que el propio acosador empieza a acercarse amistosamente a los chicos anteriormente acosados.

Estas estrategias inventivas no excluyen la sanción como respuesta primera para frenar el acoso, si bien sabemos que es insuficiente por ella misma. La indefensión de la víctima exige a veces ese límite externo. Es el caso de una chica rusa físicamente fuerte que se incorpora al aula de acogida de un instituto. El tutor enseguida se da cuenta de que un compañero, también de origen extranjero, ya desde el principio no soporta a la chica e intenta indagar. Poco después se encuentra a la chica llorando en un pasillo después de que otra compañera le ha dado un tortazo. La chica explica cómo toda la clase la llama puta en ruso. Su desconocimiento de la lengua hace además que sospeche respecto a todo lo que le dicen dirigiéndose a ella, interpretando que se ríen de ella o la insultan.

No quiere hablar con nadie ni tampoco con el tutor, de modo que éste se sirve como intérprete de un alumno ruso que habla correctamente en catalán, y así consigue acercarse a la chica y descubre que después de haber sido bien vista inicialmente como una chica exótica, poco después pasa a ser menospreciada. Los que la atacan son chicos también de origen extranjero. Lo

Docentes y padres: ¿adultos difuminados?

hacen manoseándola o tocándole el culo, según cuentan otros compañeros, pero ella lo niega disculpando a los que la atacan, mientras que el compañero ruso insiste en que hay agresiones. Sólo después de la intervención del equipo directivo del centro y la psicopedagoga y, tras producirse alguna sanción, empiezan a cambiar las cosas, debilitándose los ataques hasta desaparecer.

Los cambios del profesorado y las dinámicas propias de la ESO hacen que a veces resulte difícil detectar precozmente situaciones de acoso, que sin embargo vienen de lejos, incluso desde el último ciclo de primaria. Una tutora-orientadora[3] nos relata el caso de un chico de 3º de ESO que le cuenta que el día anterior había recibido una paliza en las cercanías del instituto. También cuenta quién fue y el origen de la agresión: la misma mañana, una profesora del centro había parado una supuesta pelea dándole carácter de enfrentamiento puntual.

Sin embargo, el acoso venía de mucho tiempo atrás, posiblemente más de un año, a lo largo del cual el chico acosado, de perfil académico alto y con apariencia singular respecto a la mayoría de compañeros (pelo largo y rizado), había sido motivo de burla continuada. Se había inventado un mote que le repetían. Hasta entonces el acoso había sido verbal y nunca físico y el chico no iba cabizbajo sino con actitud más bien decidida. A los chicos que le acosaban les molestaba especialmente su actitud, que tachaban de sobrada y arrogante. No es inhabitual encontrar casos que en 2º y 3º de ESO emergen con mayor frecuencia y que habían estado ocultos o con violencia contenida durante un período anterior.

La relación familia-escuela; una perspectiva colaborativa

Estas actuaciones contenedoras y de apoyo de los docentes cobran más valor cuando pueden ser articuladas y conectadas a las familias. Los docentes entre-

---

3   Se trata de una estructura propia de algunos centros de secundaria, en los cuales todos los profesores son tutores de un reducido número de alumnos, diferenciando esta figura de la de tutor de clase.

vistados nos relatan varios casos donde esta colaboración ha dado resultados muy positivos. Una chica de 3º de ESO, brillante académicamente, empieza a ser excluida por anteriores amigas, de modo que le hacen permanentemente el vacío, siguiendo la directriz de otra chica también brillante, con fuerte capacidad de liderazgo. Una característica singular del caso fue que los chicos de la clase se desentendieron absolutamente del conflicto, a pesar de que era muy virulento entre sus compañeras. Los padres pidieron intervención disciplinaria y el centro lo intentó pero sin demasiado éxito, de modo que, pasado un curso, la chica acosada acabó abandonando el centro. A partir de ello ha habido una intensa reacción pedagógica por parte del centro, que ha reflexionado sobre las medidas preventivas que, juntamente con los padres, pueden tomarse para evitar situaciones graves de acoso.

En otro caso más exitoso, un alumno de ESO, cuyo apellido con nombre de animal se prestaba a burlas fáciles, después de mucho tiempo entró al despacho del director diciendo que no podía soportar por más tiempo la burla. Se indagó hablando con distintos alumnos y justo después se habló con cada uno de los padres respectivos, intentando de este modo que la versión de los hechos del centro llegara a los padres por boca del profesorado antes de que lo hicieran los propios hijos.

El centro valora esta actuación como un acierto al buscar la complicidad de los padres en la resolución del conflicto desde el inicio, priorizando evitar los malestares surgidos, antes de empezar a repartir culpas y sanciones.

A veces, esta conexión escuela-familia se revela fallida, como en el caso de un alumno de 4º de ESO cuyo padre acude al centro explicando que su hijo no quiere asistir a clase. Se trataba de un alumno que pasaba desapercibido hasta que empezó el absentismo, dejando de asistir también a salidas y excursiones. Tiempo atrás, un par de compañeros lo habían empujado por la escalera, de modo que él empezó a temerlos y el miedo creció con el tiempo, lo cual fue aprovechado también para reírse de él, burlándose de sus ausencias a clase. El malestar fue aumentando y con ello también la soledad y la indefensión.

El centro tuvo problemas en el abordaje del caso al no poder identificar evidencias de acoso. Vemos que se trata de un caso de flagrante victimización

Docentes y padres: ¿adultos difuminados?

que no consigue ser acogida por el acompañamiento necesario que lo proteja y libere.

Como conclusión de este apartado, subrayemos que la posición subjetiva de padres y docentes es muy variada. Desde aquellos que prefieren «seguir durmiendo» o miran para otro lado, hasta los que sacudidos por el horror de la escena de acoso mantienen abiertos los ojos para mirar de cara ese real que toma cuerpo en la respuesta violenta.

Real que vimos se encarna de manera especial en la relación del adolescente con su cuerpo. Es ahí, quizás, donde la posibilidad del diálogo entre padres e hijos se muestra con más densidad. En primer lugar porque para el adolescente su cuerpo es a la vez objeto de fascinación y objeto de horror, y precisamente por eso difícil de abordarlo mediante un diálogo «razonable», no desbordado por el empuje pulsional.

Para los padres y las madres, hay además en este momento un ideal de juventud que no está tanto puesto del lado de los hijos como en ellos mismos. El mantenerse jóvenes de los padres rivaliza con lo que emerge en los hijos de manera turgente. Ésta es una de las características de la relación actual con el cuerpo que afecta a padres e hijos, lo cual no quiere decir que los padres no puedan tratar de interpretar y escuchar algo de esos cuerpos que hablan. Incluso indicar que manipular el cuerpo (*piercings*, tatutajes, consumos, riesgos), sobre todo cuando eso adquiere una dimensión de repetición mortificante, tiene consecuencias.

Cuando los adultos abren los ojos, y no quedan mudos, algo de ese sufrimiento se hace visible y permite un tratamiento posible de ese *impasse*. A continuación analizaremos algunas respuestas posibles.

VIII
Respuestas al acoso

«La escuela secundaria, empero, ha de cumplir algo más que abstenerse simplemente de impulsar a los jóvenes al suicidio: ha de infundirles el placer de vivir y ofrecerles apoyo y asidero en un período de su vida en el cual las condiciones de su desarrollo los obligan a soltar sus vínculos con el hogar paterno y con la familia. Me parece indudable que la educación secundaria no cumple tal misión, y que en múltiples sentidos queda muy a la zaga de constituir un sucedáneo para la familia y despertar el interés por la existencia en el gran mundo. No es ésta la ocasión de plantear la crítica de la educación secundaria en su estado actual; séame permitido, sin embargo, destacar un único factor. La escuela nunca debe olvidar que trata con individuos todavía inmaduros, a los cuales no se puede negar el derecho de detenerse en determinadas fases evolutivas, por ingratas que éstas sean. No pretenderá arrogarse la inexorabilidad de la existencia; no querrá ser más que un jugar a la vida.»

Sigmund Freud, *Contribución al suicidio* (1914)

Si consideramos el acoso como una manifestación de la agresividad y de las dificultades en el vínculo educativo, y por tanto, como un síntoma de un impasse de la palabra, ligado al tratamiento del cuerpo y a los factores ya analizados (autoridad, mirada, semblantes sexuales y desamparo), el abordaje forzosamente deberá apuntar a ese *impasse*. En este capítulo abordaremos, pues, las respuestas al *bullying* desde la perspectiva de sostener una conversación con los adolescentes en la que el cuerpo, que los perturba y les habla, se sitúe en el centro de esa conversación.

Sabemos que el acoso a menudo es un proceso de larga duración en el que podemos distinguir un período inicial (final de la infancia), en el que la agresión y el malestar permanecen ocultos a los ojos del profesorado y se va tramando (pubertad). Luego adviene una segunda etapa (adolescencia), en la que eclosiona más abiertamente y donde la intervención de los adultos genera cambios, pero sin evitar en muchos casos la continuación del acoso.

En ese momento, a menudo los profesores reciben mensajes como «mejor no hablar de ello en público» o «no hagas nada», «no se lo digas a nadie porque será peor», a través de los cuales el alumno acosado manifiesta su temor a mayores represalias si el asunto sale a la luz. A ello se añade la aparición de renovadas amenazas que anuncian «ya te pillaremos en la calle o en otro lugar».

De modo general, los docentes entrevistados coinciden en la idea de que «muchas veces el profe es el último en enterarse...». Y aunque en realidad se trata de una exageración, lo que sí es cierto es que cuando el primer profesor se entera ya ha habido un largo recorrido de sufrimiento por parte del alumno y un montón de acciones y confabulaciones por parte de los compañeros, de tal modo que no es extraño que aparezcan casos en secundaria, que empezaron a gestarse cuando los alumnos estaban en 5º o 6º de primaria.

En este sentido, ellos mismos destacan la importancia de hablar mucho más con los alumnos y sobre todo de forma más personalizada, de manera que resulte más fácil detectar y saber sobre el malestar. Sin embargo, llama la atención que este desconocimiento durante largo tiempo ocurra también en centros en los que se da importancia a la actuación tutorial. Centros en los que se desarrolla incluso algún tipo de actividad que podría entenderse como preventiva.

Los padres también coinciden en que esta conversación permite detectar las señales del malestar del hijo/a: «verlo apagado, que no te cuenta las cosas como antes, que tenga pesadillas, que no pueda dormir». Para ello es importante tener en cuenta que el chico/a dé su opinión sobre las actuaciones que se vayan haciendo. «El chico es el protagonista. Va cogiendo fuerzas a medida que los padres van haciendo cosas. En la adolescencia todas las actuaciones han de estar consensuadas con él». En este sentido coinciden otros padres: «Que sienta que elige».

Los ritos de paso hoy pasan por la palabra

Todos estos testimonios nos hacen pensar en cómo el tránsito adolescente, donde la relación al otro y al cuerpo se reordena, requirió siempre de ritos de paso. En las sociedades tradicionales esos ritos estaban codificados bajo formas estándares que preveían para cada cual su lugar y su función en el ritual (Van Gennep, 2008). Había, pues, un cálculo colectivo en el que el sujeto tomaba parte, exponiéndose a las pruebas, y recibiendo al final un beneficio en términos de identidad sexual e inclusión social.

Hoy esos ritos de paso siguen vigentes pero han modificado sus formas y también, en parte, su función, ya que el orden simbólico que los contextualizaba también ha variado.[1] El sujeto ha tomado parte más activa —ya que los ritos están menos codificados y eso le proporciona un mayor margen—, pero en cambio sus beneficios identitarios (sexuales y sociales) son más inestables, lo que otorga una cierta fragilidad al procedimiento.[2]

Los ritos actuales tienen esa marca de lo instantáneo, propia de nuestra civilización: viaje fin de curso en interrail, carné de conducir, uso del cuarto como un lugar éxtimo a lo familiar, fiesta de los 18 años, épica de la inmigración. El vagabundeo de los jóvenes de la calle puede pensarse también como un errar iniciático, un laboratorio donde afrontar la prueba de la existencia a través de la exposición a peligros fuera de lo familiar. A falta de los límites externos claros, el joven explora los suyos: sexuales, drogas, tatuajes. Todas estas pruebas implican la trasgresión y la violencia al tiempo, ya que no es posible pensar el paso sin corte, sin discontinuidad con lo infantil.

---

[1] En los ritos clásicos los peligros se presentaban en un contexto de seguridad ritualizado. Ahora, en cambio, los indaga cada uno y por otra parte el reconocimiento adulto se muestra vacilante, ya que si bien la juventud aparece como ideal fascinante, los jóvenes son dejados de lado o utilizados como masa anónima en guerras y conflictos. Ante esta falta de liderazgo de los adultos, son los adolescentes los que se acogen a sí mismos y se proporcionan una identidad.
[2] La identidad posmoderna ha sido definida como la de un sujeto multifrénico, en constante cambio de su representación (metonimia del relato), si bien esa variación no es infinita, ya que encontramos un elemento invariante en forma de repetición inconsciente.

BULLYING

¿Debemos, pues, persistir en una mirada nostálgica sobre esa crisis de los ritos (no exentos de peligros y violencia) o tratar en cambio de captar su posible uso actual? Parafraseando a Jacques Lacan podemos prescindir de los ritos de paso a condición de servirnos de ellos, ya que el valor de rito no lo da la ceremonia ni el mito, sino su operatividad. La prueba, por la muerte (simbólica), del valor humano (conductas ordálicas o de supervivencia) termina por producir sentido cuando el sufrimiento que implica se convierte en factor de lazo social y por tanto de inclusión social.

Uno de los cambios más significativos entre esas sociedades tradicionales y la nuestra es la función de los profesionales como elementos destacados del conjunto. En cierto modo sustituyen, como maestros de ceremonia, a otras figuras anteriores: sacerdotes, hechiceros, maestros, próceres, de las que toman algunas referencias, si bien no todas.

Es por esto que vale la pena que nos interroguemos acerca de nuestra función como acompañantes de esas crisis adolescentes que también toman cuerpo en los fenómenos de acoso escolar. ¿En qué medida podemos intervenir?, y sobre todo ¿de qué manera hacerlo? ¿Qué uso posible podemos hacer de las instituciones en las que trabajamos? ¿Cómo mostrar, en definitiva, nuestra utilidad social como interventores (educación, salud, atención social)?

En la modernidad la vida era corta y lo importante era la familia. Ahora que se alarga, cuenta más el individuo, y la familia se pone a su servicio y pasa a estar más pendiente de sus necesidades, lo que incluye en ocasiones el retraso de la emancipación y cierta sobreprotección parental. Antes el rito tramitaba el paso para mantener la tradición a la que el adolescente se incorporaba. Eso ya de por sí justificaba el rol de iniciador del adulto. Lo ejemplar iniciático proponía una repetición y modelado del padre fundador. Aquí los aprendices recibían el legado de los maestros a los que iban a suceder, se trataba de conservar la tradición.

Hoy esa garantía que el padre hacía suya, como vimos anteriormente, ya no funciona, y la confianza no viene de suyo. Lo que viene en el lugar de ese padre líquido es una pluralización de figuras educativas, terapéuticas, familiares. Ya no se educa a un adolescente en solitario porque, además de esas referencias adultas, hay un competidor hostil que es el mercado, el cual no cesa de ofrecer mensajes y estímulos.

Por eso, la posición de los adultos es más que nunca clave en la salida de ese túnel que el adolescente perfora. Nosotros como adultos de proximidad, docentes, padres, psicólogos, trabajadores sociales, tenemos un par de obligaciones:

1. Debemos tomarnos en serio el valor de enunciación particular de la palabra del adolescente, la singularidad de su «serpenteo» (Pierce): ese trabajo del presentimiento al acto que implica cierto movimiento ondulatorio para no ser rápidamente succionado. Si consideramos que los adolescentes son «los nuevos», como los llamaban los griegos, la pregunta para los padres y los docentes, los adultos en general, es cómo hacemos para darles su oportunidad frente a lo nuevo, que nosotros, los adultos, desconocemos y que ellos no pueden localizar ni nombrar de inmediato. Para ellos no se trata tanto de desconocimiento como de un encuentro con un real que irrumpe y para el que no han encontrado aún la manera de decir(se)lo. A fin de cuentas, y siguiendo en esto a Hanna Arendt (2003), los niños comparten con los inmigrantes esa condición de llegar a un lugar en el que nunca antes habían estado: «el mundo en el que se introduce a los niños sólo es nuevo para los que acaban de entrar en él como inmigrantes».
2. Al mismo tiempo, hacer el duelo del valor libidinal que tenían, en tanto hijos o alumnos, para nuestro narcisismo, que a partir de entonces deberemos alojar en otro lugar. Ya no seremos más el profesor querido, el padre amado o el profesional admirado que fuimos hasta entonces. Ahora nuestro rol se cuestionará desde el principio, y a veces con toda la crudeza posible, dejaremos de merecer el respeto por nuestras insignias y tendremos que re-conquistarlo por otros medios.

Los maestros cumplen una función básica porque con su buen hacer permiten verificar —en su encuentro con el adolescente— el alcance de su interés por su deseo (presentimiento). Le ayudan a captar, con idas y venidas, su apuesta por encontrar la salida y no quedarse a repetir el destino de los padres, a veces funesto. Si el maestro desfallece en su deseo y abandona, puede hacer imposible el acceso al saber del adolescente. El maestro le permite al adolescente *hacer* con un padre, tal como nos recordaba Freud en sus escritos sobre adolescentes.

La dificultad de este acompañamiento es que radica en una paradoja: para separarse (*separare*: volver a nacer) hay que ejercer un rechazo, que en realidad esconde una tentativa de alojarse en ese Otro y encontrar un uso posible que funcione como límite, para no tener que recurrir a otras modalidades de límite autodestructivas. Deben reconstruir un Otro donde alojarse, haciendo suya la pérdida.

Miguel, adolescente de 15 años, perdió hace pocos meses a su madre enferma de cáncer. Hijo único, está a punto de quedar huérfano, ya que su padre ha sido operado también de un cáncer de garganta y el pronóstico es reservado. Él, que nunca se ocupó, al igual que el padre, de tareas domésticas (la madre era omnipresente) ahora debe barrer la casa. Su padre lo mira y le critica, a lo que Miguel responde rabioso con un «cállate, maricón», que deja al padre petrificado, ya que ése no es el estilo habitual de comunicación.

Para Miguel se trataba allí de una posición de feminización (él en el lugar de la madre-ama de casa), sobrevenida en medio de su tránsito adolescente, en el que debe construirse una identidad sexual por fuera del ámbito familiar, donde siempre fue el niño deseado y cuidado por la madre.[3] Tiene que separarse de ese lugar y hacerlo delante de un padre castrado que lo reenvía a su propia debilidad. El insulto alude, pues, a su impasse adolescente delante de ese tránsito.

La paradoja es que hoy deben separarse de un otro social omnipresente que no para de incitarlos a gozar sin límite. Este trabajo de «tratar al otro» implica manejarse con dos objetos que les ocupan mucho tiempo y les pro-

---

3 El problema, obviamente, no es que él colabore en las tareas domésticas, sino que en ese contexto en el que fue criado esa tarea está identificada de manera exclusiva con la madre.

ducen satisfacción, pero también inquietud, como analizamos en las hipótesis del acoso: la voz y la mirada.

Sabemos que junto al goce de las pantallas, hay también el sentimiento de ser interpelados por ese otro que los mira desde un ideal al que ellos no llegan y que se les vuelve insoportable y alimentador de su propio odio al no velar ya el objeto. No encuentran las palabras para responder a sus deberes ni el semblante adecuado para mirarnos.

Debemos en este trabajo de acompañamiento huir de la nostalgia o la desilusión. Nos conviene otra fórmula: partir de este real en juego para ayudarles con las soluciones que se han de inventar, las cuales no serán adaptativas ni estándares. En este encuentro del adolescente con lo real puede surgir el síntoma, como una disfunción, algo que va mal en sus vidas. Es allí donde se abre la posibilidad de un enigma que los lleve a buscar otras ayudas, de tipo terapéutico. Cuando esa pregunta no se plantea, el problema es que ellos quedan fijados a ese goce regresivo y a una posición melancólica, identificados a un objeto caído, patente en las tentativas autolíticas. Hacerse preguntas por lo que les pasa es la primera condición para tratar el malestar y no quedar aplastados subjetivamente por él.

Algunas ideas sobre el *saber hacer* que la experiencia nos enseña

En la actualidad parecen dibujarse dos vías de abordaje de estos malestares. Por una parte, renunciar a escuchar al sujeto, cerrándoles la boca con el abuso de la medicación y el mal uso de los protocolos (Peteiro, 2010). Es el caso, por ejemplo, de los protocolos asistenciales para el omnipresente TDAH. No deja de ser una manera de dejarlos solos frente a su dolor, generadora de odio, porque transforma la mirada inquisitiva en una nominación degradante, vía la etiqueta diagnóstica.

Parece evidente que así no conseguiremos su respeto, abandonándolos sin transmitirles los medios de saber y de circulación social. Hoy es un hecho que están más solos que antes, con su ventana virtual ante la fragilidad del saber, que ya no provoca tanto el deseo de ver la vida de otra manera.

La otra forma que se debe cultivar es tomar en cuenta ese malestar de inicio y, sin olvidar que nuestro trabajo consiste en ayudarles a salir del túnel, encontrar la fórmula que conjugue el acompañamiento y la exigencia. Eso implica acompañarles, estar a su lado renunciando a comprenderlos, porque ellos no quieren, y además les irrita, ya que ellos mismos no saben de sí. Incluso diríamos más: para comprenderse, el adolescente debe sustraerse de la comprensión del Otro.

Nosotros debemos tomar, más bien, una cierta posición de no saber, de no suponer de entrada todas las explicaciones y estar abiertos a la sorpresa que cada uno lleva, y porque sólo el mestizaje de lo viejo que heredan y lo nuevo que aportan será productivo.

El segundo ingrediente de la fórmula propuesta en su día por el filósofo Alain (1967), la exigencia, implica no ceder ante la apatía, reclamar el esfuerzo y ayudarles a crear una lengua nueva que incorpore la herencia y diga, traducido, su malestar. Ayudarles a transformarlo en una pregunta productiva, a establecer una perspectiva desde donde mirarse en ese trayecto del presentimiento a la realización. Que no les devuelva una imagen de sí mismos como una mancha opaca.

Darles un Sí, mostrando nuestro deseo como educadores o clínicos, arriesgando nuestra decisión más allá de los protocolos establecidos, abre la posibilidad que ellos escuchen un No frente a las derivas de su goce mortífero (drogas, peleas, abandonos). Sin acoger el malestar no hay credibilidad ni obediencia, ya que todas las soluciones les resultan falsas. Y cuando esa obediencia se consigue por la vía falsa es siempre para lo peor, como demuestra el caso de las Juventudes hitlerianas, fallida y trágica fórmula de encauzar la violencia juvenil en un programa de exterminio.

La hospitalidad (acoger el malestar) y el encuentro (tratarlo con otros) son dos orientaciones claves junto a la tercera: dar (se) el tiempo que hace falta para esas trayectorias vitales.

Hemos visto, a lo largo de los capítulos anteriores y en los testimonios recogidos, cómo el significante «víctima» para cada sujeto ha tenido una función distinta que ha dado lugar a una respuesta siempre particular. En la escuela y en la práctica clínica encontramos casos en que el sujeto se presenta del lado de la víctima como objeto pasivo, sufriente. Se trataría entonces de darle la palabra como sujeto, apelando a su responsabilidad, como una respuesta que permita así dignificarla en su condición de víctima.

Winnicott, en un breve escrito de 1964 a propósito de los jóvenes pandilleros que alarmaban a la ciudadanía inglesa, concluía con estas palabras:

> Hoy en día desearíamos más bien que «la juventud durmiese» desde los 12 hasta los 20 [parafraseando el cuento de invierno de Shakespeare], pero la juventud no dormirá. La tarea permanente de la sociedad, con respecto a los jóvenes, es sostenerlos y contenerlos, evitando a la vez la solución falsa y esa indignación moral nacida de la envidia del vigor y la frescura juveniles. El potencial infinito es el bien preciado y fugaz de la juventud; provoca la envidia del adulto, que está descubriendo en su propia vida las limitaciones de la realidad.

Nuestro trabajo tiene siempre una dimensión de acto individual, sea éste educativo, social o clínico, y por ello insustituible. En cierto modo, aun trabajando en equipo, cada uno está solo en ese acto. Pero para que esa soledad necesaria no se transforme en un aislamiento, hace falta favorecer el encuentro con los otros profesionales del equipo y de las otras disciplinas.

El trabajo en red es una modalidad de trabajo cooperativo que nos proporciona beneficios diversos: calidad asistencial, conocimiento del caso y de la realidad, cooperación de los servicios, sinergias institucionales, calmante de la angustia inherente a la contaminación subjetiva. Es una modalidad de tratar a ese Otro del niño y el adolescente que evite tanto la completitud asfixiante como la fragmentación abandónica (Ubieto, 2014). Ese Otro no debe ser alguien que lo sabe todo porque entre los profesionales se informa de todo, sin límites éticos. Eso produce asfixia y rechazo por el control excesivo que ejerce. Pero tampoco puede ser indiferente al dolor, argumentando que a él solo le corresponde un fragmento (su especialidad) y despreocupándose de la globalidad de la situación.

BULLYING

La red permite redimensionar las situaciones (espectacularidad-gravedad), captar lo esencial (conflicto-problema), darse el tiempo necesario (error-vacilación) y orientar la intervención a partir del vínculo transferencial que hace de contrapeso a la soledad del sujeto hipermoderno. Abordar los fenómenos de *bullying* desde esta perspectiva colaborativa permite, sin duda, tomar en cuenta la globalidad del hecho (todos sus actores) y al mismo tiempo la singularidad de cada posición subjetiva.

Acompañar las adolescencias hoy ya no es posible, pues, sin la pluralización de esa red educativa en la que todos tenemos algo que aportar, siempre que tengamos claro que los adolescentes no tienen solución. Y no la tienen porque no son un problema, aunque eso sí, plantean cuestiones, como las que señalábamos a propósito de la autoridad, la mirada y la sexualidad, para las que no siempre encuentran ellos ni tenemos nosotros la respuesta. Por eso no nos queda otra que ayudarles a inventar respuestas *ad hoc*, a cada uno la suya.

La idea de que podemos dejar solos a los niños/adolescentes con sus *gadgets*, sin acompañarles en el uso de esas nuevas tecnologías es profundamente equivocada ya que, junto a sus potencialidades, pueden convertirse también en un instrumento de acoso y de autodestrucción, como muestran bien los episodios de ciberacoso.

Estrategias específicas de abordaje del acoso escolar

Abordar el acoso y el ciberacoso no resulta fácil por esa ley del silencio a la que nos hemos referido. Muchos de los casos, al igual que sucede con los abusos sexuales infantiles, son reconocidos más tarde en la juventud e incluso en la adultez. Todo ello hace que las respuestas habituales sean respuestas reactivas a sucesos que implican una alarma social y mediática, en general con consecuencias graves para la víctima (suicidio). Las situaciones menos graves, y mayoritarias, quedan invisibilizadas y son sufridas en silencio por los afectados.

Partiendo de este hecho nos conviene, entonces, implementar estrategias diversas y diferenciadas que comprometan a los alumnos, los docentes y las familias. Estrategias que combinen la atención individual, partiendo de la singularidad de cada caso, y la dimensión colectiva cuya relación con los discursos vigentes acerca de la violencia tienen una incidencia notable.

Hoy disponemos ya de múltiples disposiciones legales en Europa y en otros lugares ligadas a la Convención de los derechos del Niño que facilitan este abordaje. El tiroteo del instituto de Columbine (Ohio) en 1999 marcó un antes y un después en la legislación americana del *bullying* (Cornell, 2015). Junto a las medidas legales, necesarias pero insuficientes, hay que destacar el papel relevante de la escuela para abordar el acoso, evitando así la psiquiatrización o criminalización de esta violencia.

Sabemos que hoy uno de los recursos todavía demasiado frecuente en relación al abordaje de los malestares en la infancia es renunciar a la capacidad de respuesta educativa y dejar que los expertos «psi» —incluida la medicalización creciente de la infancia— se ocupen de este malestar (Ubieto, 2014). Esta estrategia ya está produciendo efectos devastadores en los escolares y también en los docentes y sus familias, que se desentienden de sus asuntos, con lo cual pierden su capacidad de afrontar el problema.

Otra manera de abordar el tema es seguir el doble principio ético de la participación y la corresponsabilidad, que está en la base de los modelos conocidos como *Whole Policy*,[4] y que implican la participación de toda la comunidad educativa en la génesis y el mantenimiento de la convivencia.

En este sentido algunas líneas de actuación, sugeridas por muchos expertos y profesionales que trabajan en el ámbito de la educación y la salud, apuntan a la mejora de la detección, la organización escolar —implementando

---

4 Algunos ejemplos de esta política son el proyecto *Antibullying policy* en las escuelas británicas, o el método utilizado por Anatol Pikas (Collell, 2004), implementado en países como España, Australia o Canadá, que focaliza su intervención en incidir en las dinámicas grupales para suscitar un «sentimiento de inquietud compartida» que ponga freno a la intimidación. Consultado el 6/07/2015, http://www.bullyingnoway.gov.au/teachers/school-strategies/resources.html

medidas de participación efectiva—, la coordinación entre los diversos profesionales (atención social, educación, salud, juristas) para un abordaje global y de la formación de docentes (Bradshaw, 2015).

De las conversaciones con alumnos, madres, padres y docentes hemos extraído algunas recomendaciones y propuestas que ellos mismos dan y que van en la línea de lo sugerido anteriormente:

1. En relación a la detección y el abordaje en el centro escolar:
   - La importancia de la detección y del tomarse muy en serio la serie de los signos del malestar. «No vale disimular el problema pensando que son cosas de niños y decirle: no te preocupes». O decirles que los ignore, que se den la vuelta.
   - Si se trata de ciberacoso, no borrar inmediatamente los mensajes de Facebook. «Hay que grabarlos, y que tanto los chicos como los padres puedan leerlos para darse cuenta de esa barbaridad».
   - Pedir consejo a especialistas y profesionales que atienden situaciones parecidas y pueden orientar sobre qué hacer, porque «te pones a mirar por tu cuenta y puede ser que te emborraches de tanta información» y que el centro cuente con asesoramiento psicológico.
   - Una actitud de comprensión y de ayuda por parte del centro, que se esfuerce en acompañar a los padres y colaborar juntos. «Sentir que el colegio reconoce el problema, se compromete para resolverlo y tiene esperanza en solucionarlo». Para ello, es clave que los profesores no permitan los insultos, no se unan a las risas y no se burlen del niño ante la clase.
   - Las características y composición de los grupos de clase influyen en gran medida también en el desarrollo del proceso de acoso. Observamos a menudo que grupos cohesionados se comportan de modo distinto que otros más deslavazados. Aspectos como el sentimiento de pertenencia al grupo clase o a la escuela juegan a favor (aunque algunas otras veces también en contra) del proceso, generando un sentimiento solidario ante el malestar de un miembro en el primer caso o, en el otro extremo, la no aceptación del ingreso de nuevos sujetos al grupo.

2. En relación al papel de la familia:
   - La participación y corresponsabilidad de los padres es otra de las claves. En algunos casos son los propios padres quienes justifican a su hijo acosador, y en muy pocos casos se muestran inicialmente colaboradores con el profesorado y el centro en la resolución del conflicto. Sin olvidar el sentimiento de culpa intensa que experimentan muchos de los padres de las víctimas.
   - Hacer reuniones entre la familia del que acosa y la familia del niño acosado, sin presencia de los menores y contando con la mediación de un profesional. Muchos padres sabrían así cosas que no saben «porque muchos padres no conocen a sus hijos».
   - Promover la formación de padres e incentivar la ayuda y apoyo entre los padres. En este sentido, el papel del AMPA no termina de definirse y es muy importante.
   - Buscar la manera de dar apoyo a los hermanos que pueden estar en el mismo centro y sufren mucho la situación, pero no se les hace partícipes y quedan invisibilizados.
   - Proponer a los hijos la vinculación con otros grupos y otras actividades (artes marciales, deportes, centro abierto, esplai, otros lugares) donde se sientan acogidos, vinculados y aceptados en las relaciones con los demás.

3. En relación a las medidas a tomar:
   - Cambio de centro: los padres suelen proponerlo pero los chicos inicialmente pueden negarse, ya que creen que la situación cambiará o quieren darse otra oportunidad. Algunos padres consideran que hay que esperar a que el chico quiera cambiar, que lo pida. «Estábamos esperando esa frase de querer cambiar».
     El cambio es conveniente cuando el chico está más reforzado, ya que si el chico marcha enseguida es como si él tuviera la culpa. Primero es importante que «se haya sentido reconocido, ayudado... Y en ese

momento ya puede irse». En uno de los testimonios recogidos el chico decide el cambio en el momento en que él empieza a tener conductas despóticas: «No me interesas lo más mínimo», «olvídame, me molesta verte», dirigido a los otros niños.
- Uso de las redes sociales: cuando se detecta que ha habido un mal uso, es una señal de que el niño o niña no está preparado para usarlos y tiene que esperar a hacerse mayor y aprender a usarlas bien. Esto, sin duda, exige por parte de los padres mantenerse al corriente del uso que sus hijos hacen de las redes. Algunos padres y madres encuentran fórmulas que transmiten a los hijos: sólo se puede decir aquello que dirías frente a frente.
- Denuncias: «Si no hay respuesta de la escuela... a denunciar» es la propuesta de una madre que no quiso hacer la denuncia en su momento porque su otro hijo se quedaba en la escuela y no quería que la denuncia le supusiera algún perjuicio. Esta madre comenta que no hizo denuncia pero sí un escrito que le facilitaron desde Inspección, y esto sirvió para que el centro lo tomara en serio y se disculparan.

En otros casos, la denuncia a la policía la han puesto tras conocer los mensajes en Facebook o por agresiones, y la denuncia la hacen directamente contra los menores identificados como los agresores.

Estas propuestas son coincidentes con muchos ejemplos de estrategias específicas desarrolladas en diversos países para abordar el acoso escolar. Un listado amplio y materiales diversos sobre las respuestas al *bullying* las podemos encontrar en el interesante blog de Jordi Collell y Carme Escudé,[5] así como en el programa de los mismos autores, especialmente dirigido a alumnado de secundaria.[6]

En todas estas experiencias, vemos que el acompañamiento resulta un medio eficaz para combatir los malestares generados por las situaciones de

---

5 http://www.xtec.cat/~jcollell/Z0%20Inici.htm
6 http://www.xtec.cat/~cescude/Z9WQ01%20Inici.htm

bullying. Asimismo, observamos cómo las actuaciones preventivas favorecen actitudes de respeto, de colaboración y de apoyo entre iguales que facilitan algunos aspectos de mejora, como el hecho de que se desvelen antes las situaciones de acoso, que se atenúe la soledad de los acosados, reduciéndola en el tiempo, o que aparezcan compañeros con disposición a intervenir.

Este trabajo preventivo exige que los centros tengan un Plan general de mejora de la convivencia y al tiempo un Plan específico del tratamiento para los casos de *bullying*, ya que el primero no evita los casos particulares de acoso que requieren un abordaje singular. Este plan específico para los casos de *bullying* no implica una estigmatización de los alumnos, y puede limitarse a un protocolo sencillo de actuación en los casos en los que la tarea preventiva no haya aportado soluciones satisfactorias.

Por otra parte, el carácter relacional del fenómeno nos remite también a la necesidad de intervenir respecto a los grupos (los grupos clase e incluso los minigrupos de presión), dinamizando movimientos en su seno que desplacen los apoyos incondicionales iniciales al líder acosador, que favorezcan la implicación de los chicos o chicas que se alejaban del conflicto o que rompa los grupos inmovilizados por el temor a sufrir consecuencias. Crear nuevos encuentros o deshacer alianzas creadas por el temor abre nuevas posibilidades a todos los implicados.

Programas preventivos de la convivencia escolar

La figura del ángel de la guarda es una tradición en el mundo educativo, si bien hoy en día se utilizan otros términos como padrino o amigo mayor.[7] Se presenta como un modelo de acompañamiento que guía y protege al alumno en su periplo escolar. Esta figura, encarnada por un alumno de cursos superiores,

---

7   Existen también proyectos de «Aprenentatge Servei.ApS» (Aprendizaje servicio) similares que se pueden consultar en la web del Departament d'Ensenyament de la Generalitat de Catalunya: http://www.xtec.cat/web/comunitat/entorn_pee_documents_aprenentatge

vela por la buena adaptación de su protegido, al tiempo que lo guía en su vida institucional (centro escolar) y también fuera (barrio, ciudad).

De evidentes orígenes religiosos, fueron los Capuchinos quienes popularizaron la imagen. Fue de hecho el pintor barroco Bartolomé Esteban Murillo quien pintó para la Iglesia del Convento de los Capuchinos de Cádiz la figura de un ángel que guía a un niño. «El Ángel de la Guarda», título del lienzo, actualmente en la Catedral de Sevilla, es la representación ideal de San Rafael guiando a Tobías pero con la diferencia de que mientras Tobías aparece siempre en las representaciones anteriores como un muchacho ya crecido, ajustándose así a las leyendas bíblicas, en las pinturas de Murillo la figura de Tobías es la de un niño indefenso, de corta edad.

De la iconografía religiosa pasó a la educación como una figura de acompañamiento, y todavía hoy es habitual encontrarla en numerosos centros educativos de credo religioso. Dentro de sus funciones, una de ellas es la protección del acogido frente a episodios de crueldad entre iguales, como sería el caso del *bullying*.

Hoy, además, esta figura ha tomado otros rostros más laicos y con otros nombres como «hermano o amigo mayor», y ha inspirado diversos programas como los que comentamos a continuación.

Tutoría entre iguales (TEI). España

El TEI es un programa de abordaje del acoso escolar que cuenta con una gran acogida en el ámbito educativo y con una implementación en diversas CCAA del Estado español.[8] En el curso 2015-2016 se implementará en más de 300 centros de primaria y secundaria y educación especial a nivel estatal, tanto de titularidad pública como privada y concertada, con una implicación de más de 40.000 alumnos como tutores (Moliné, 2015). Sus promotores lo definen como «una estrategia educativa para la convivencia escolar, diseñada inicial-

---

[8] Consultado el 28/5/2015, http://www.noalacoso.org/TEI.pdf

mente como una medida práctica contra la violencia y el acoso escolar, tiene un carácter institucional, e implica a toda la comunidad educativa» (González, 2013).

Inspirado en los modelos, antes mencionados y conocidos como *Whole Policy*, «busca mejorar la integración escolar y trabajar por una cultura de la escuela inclusiva y la no violencia, fomentando que las relaciones entre iguales sean más satisfactorias».

Sus objetivos básicos incluyen:

- Facilitar el proceso de integración de los nuevos alumnos (primero de secundaria) al centro educativo.
- Tener un referente, (tutor-a) alumnos de segundo ciclo de secundaria, para favorecer la integración, la autoestima y reducir los niveles de inseguridad propios de espacios y organizaciones desconocidas.
- Compensar el desequilibrio de poder y de fuerzas, siempre presentes en el acoso, entre agresor y víctima, desde una perspectiva preventiva disuasoria.
- Cohesionar la comunidad educativa del centro e integrar y desarrollar la Tolerancia Cero como un rasgo de identidad.

El programa, que evoca de nuevo esa figura del ángel de la guarda, se desarrolla a partir de la propuesta a los alumnos de tercero de ESO para que se ofrezcan, de manera voluntaria, como tutores de los alumnos recién llegados al centro.

La asignación de tutores y tutorizados se realiza por parte de los profesores teniendo en cuenta las características de los alumnos de tercero y los informes de los alumnos de primero. Al siguiente curso, los alumnos tutores son de cuarto y los tutorizados, de segundo.

Durante la primera semana de clase los alumnos tutores reciben una formación específica por parte del coordinador del programa sobre las características generales de la tutoría y la relación que tienen sobre la convivencia y el acoso escolar. Su participación se incluye en el currículum de segundo ciclo con diversas recompensas académicas.

BULLYING

El centro educativo asume plenamente las consecuencias del programa, facilitando todos los recursos necesarios para su viabilidad, y se informa a los padres a los que se pide consentimiento sobre la tutorización de su hijo/a.

Durante todo el proceso se mantienen reuniones con los alumnos tutores y entre ellos mismos. También se realiza seguimiento con los padres y madres de los alumnos, en las reuniones de principio de curso.

La clave del éxito del Programa TEI, según González, es la implicación de los alumnos como sujetos activos de su propio proceso educativo, la necesidad que el adolescente tiene de sentirse elemento activo dentro de la comunidad educativa y de la institución escolar.[9]

Otro aspecto importante es el impacto del programa, tanto a nivel de intensidad en la concienciación individual como del número de personas implicadas. Hay que tener en cuenta que en un centro de tres líneas están implicados, bien como tutores o como tutorizados, 180 alumnos, lo cual representa el 50% de la totalidad de los alumnos de la ESO, que en dos años afecta al 100% del alumnado de secundaria.

De allí que un aspecto importante del proyecto sean los intercambios informales en aquellos espacios y tiempos no lectivos (patios, entradas, salidas, pasillos, cambios de clase...). Allí radica buena parte del éxito del proyecto.

El programa cuenta con una serie de etapas:

1. Sensibilización e información: Se trata de una primera etapa de acercamiento a la problemática de la violencia, y especialmente a la violencia entre iguales, por parte de todos los miembros de la comunidad educativa.
2. Aprobación del proyecto: Este segundo paso debe incluir la aprobación de la aplicación del proyecto por parte del centro y el consenti-

---

[9] «En el acoso escolar la víctima no es culpable de la situación que se genera. Entrevistamos a Andrés González Bellido». Consultado el 28/5/2015, http://www.pequesymas.com/entrevistas/en-el-acoso-escolar-la-victima-no-es-culpable-de-la-situacion-que-se-genera-entrevistamos-a-andres-bellido

miento de los padres para que sus hijos e hijas puedan formar parte de éste. Deben valorarse cuáles son los recursos de los que dispone el centro. Del mismo modo, deben definirse las estrategias que se utilizarán a partir de este momento.
3. Formación a profesores, alumnos y padres: Para que los alumnos tutores puedan responder a las demandas de ayuda de sus compañeros, los profesores participen activamente en el proyecto y las familias se vinculen con la escuela y la problemática del *bullying*, se realizará una formación adecuada a cada uno de estos colectivos de la comunidad educativa.
4. Desarrollo del programa: Durante este proceso de aplicación del proyecto se llevarán a cabo diferentes actuaciones individualizadas, basadas en las tutorías formales e informales que los alumnos mantendrán entre ellos y con el coordinador. El programa pone mucho énfasis en las tutorías informales, es decir, aquellas que se realizan en las horas del recreo, al salir de clase, en los pasillos, etc. considerándolas como las tutorías clave para conseguir los objetivos planteados. Así mismo, las tutorías formales pasan a ser una herramienta para encaminar y dirigir el proceso, para resolver cualquier duda o discrepancia que pueda surgir y para hacer la evaluación del alumnado. Una vez finalizado el proceso de tutorización, los alumnos tutores recibirán un diploma que los acredite haber participado en el proyecto.
5. Evaluación del programa: Se realiza una evaluación conjunta (equipo docente y alumnado) sobre la eficacia y la eficiencia del programa, valorando y concretando los resultados obtenidos en relación con el planteamiento inicial.
6. Memoria y propuestas de mejora: Una vez finalizado el programa y con las evaluaciones del equipo docente y del alumnado, se realiza una memoria del proyecto, haciendo una comparativa entre objetivos iniciales y resultados obtenidos. Igualmente, se valoran las propuestas para mejorar que hayan surgido de cualquiera de los miembros de la comunidad educativa implicados en el programa.

Andrés González Bellido, psicólogo y coordinador del grupo de investigación del Instituto de Ciencias de la Educación (ICE) de Barcelona, ha sido el principal impulsor de este programa. Sobre sus resultados, González asegura que han podido comprobar tras los años que llevan de experiencia —se puso en marcha en el año 2003—:

> los niveles de conflictividad (partes, expulsiones) empiezan a bajar desde el primer año, y en el tercero se ha observado una reducción entre el 40% y 50%. Trabajando en valores de responsabilidad y de compromiso, González destaca que es un programa muy activo para que los alumnos se involucren y al final se logra la participación del 100% del centro conforme pasan los cursos. Se rompe esa barrera del silencio, interviniendo antes de que se llegue a una situación de acoso.[10]

González destaca que el objetivo del TEI no es reforzar la resiliencia de la víctima con consejos como el de «no les hagas caso, tú a lo tuyo», sino condenar de manera firme y sobre todo evitar las acciones de acoso. La gran fortaleza del programa es su contextualización en los centros, la implicación de todos, que «evita la soledad de la víctima porque la autointegra sin caer en la compasión».[11]

Centinelas escolares. Francia

Otra de las experiencias que queremos reseñar aquí es la promovida por el liceo profesional agrícola de Chateau Gontier en Mayenne (Francia), que obtuvo el primer premio de la campaña del Ministerio francés de Educación Nacional «Movilicémonos contra el acoso escolar».[12] Se trata de un dispositivo

---

10 «Alumnos de 14 años se convierten en tutores para prevenir el acoso escolar en institutos», *Diario La Verdad,* Alicante 19 noviembre 2014. Consultado el 28/5/2015.
11 Una parte de estas opiniones fueron recogidas en el marco de una entrevista realizada por Ramon Almirall y José R. Ubieto al propio Andrés González el 16/07/2015.
12 Consultado el 28/5/2015, http://www.lpahautanjou.fr/la-vie-au-lycee/lutte-contre-le-harcelement.html

de detección de alumnos, definidos como chivos expiatorios, creado en 2012. Un grupo de diez alumnos bautizados como los «suricatos» —tomado del animal que observa y alerta de un peligro— tienen como misión identificar las situaciones de riesgo en el interior o exterior del centro educativo, antes de avisar a los adultos y decidir qué hacer.

Previamente han pasado un período de formación impartido por un representante de la Liga francesa de salud mental, bajo la forma de talleres donde se analizan tres figuras claves en el acoso: el chivo expiatorio (víctima), acosador (verdugo) y el normópata (testigo).

Los suricatos, también llamados «alumnos centinelas», intervienen en lo cotidiano sobre casos concretos de alumnos aislados o acosados, tanto a nivel de sensibilización como de prevención en cada clase y en el liceo.

Los suricatos utilizan y producen nuevos soportes comunicativos y de prevención sobre el acoso escolar (carteles, videoclips, creación de una web-serie, etc.).

En la web del liceo se advierte que no se trata de jueces ni de superhéroes ni de representantes de la ley. Sus valores son la disponibilidad, escucha, confianza, confidencialidad y abstención de juzgar.

El éxito, y también las limitaciones de este tipo de programas, radican en el poder de la identificación imaginaria que promueven, reforzando así los códigos propios —no compartidos— del universo adolescente. La idea misma ya admite que algo sucede en los márgenes de la visión adulta y que la solución identificatoria en términos de iguales podría ser más eficaz que la punitiva o sancionadora, propia del adulto.

Sabemos de la importancia de los iguales en este momento vital y de cómo su influencia puede decidir asuntos que nunca llegarían a oídos de los padres o docentes. Aquí el ángel de la guarda les propone a sus protegidos, cuando son víctimas del acoso, que no renuncien a su singularidad, que la asuman y la defiendan como propia, se trate de una opción homosexual, un déficit intelectual o una diferencia corporal (obesidad, defecto...).

Si el foco que los acosadores habían puesto en ese rasgo los había dejado sin palabra, ahora se trataría, en esta re-subjetivación (asumir su diferencia) de re-anudar eso que se había desanudado para modificar su relación al otro (Zebrowski, 2015).

El límite de esta fórmula es que propone una solución estándar que evita, curiosamente, la verdadera singularidad de cada uno, los *impasses* fantasmáticos que para cada uno hacen de tapón en la respuesta a la injuria. Apostar por la identificación imaginaria y por la fuerza de voluntad es una buena intención que funcionará en algunos casos, pero no en otros para los que se requerirá sin duda otro tipo de apelación a la responsabilidad más personalizada.

KiVa (contra el acoso escolar). Finlandia

KiVa es un acrónimo de las palabras finlandesas Kiusaamista Vastaan (contra el acoso escolar).[13] Con esta iniciativa, Finlandia está logrando frenar el acoso escolar y el *ciberbullying* en sus aulas. Implantado ya en el 90% de los colegios de educación básica, su éxito ha supuesto que contar, o no, con este proyecto sea un requisito que muchos profesores y alumnos tienen en cuenta a la hora de elegir y valorar un centro educativo donde trabajar o estudiar.

KiVa surgió de un serio compromiso entre la comunidad educativa y el gobierno finlandés. El proyecto se fue poniendo en marcha aleatoriamente en los colegios finlandeses y unos años después la universidad realizó un estudio para evaluar cómo se iba desarrollando el programa. Participaron en el programa 234 centros de todo el país y 30.000 estudiantes de entre 7 y 15 años. KiVa había logrado reducir todos los tipos de acoso en los colegios, los casos de acoso escolar desaparecieron en el 79% de las escuelas y se redujeron en el 18%. Sólo en el primer año de implantación, los investigadores comprobaron que en algunos cursos el número de niños acosados bajó incluso un 40%. Además, constataron que KiVa también aumenta el bienestar escolar y la motivación por estudiar, al mismo tiempo que disminuye la angustia y la depresión.

13 Consultado el 28/5/2015, http://www.kivaprogram.net/

Respuestas al acoso

El programa KiVa ha recibido varios premios, incluyendo el Premio Europeo de Prevención del Crimen en 2009, el Premio de Política Social por el Mejor Artículo en 2012 y cuatro Premios Nacionales en Finlandia en 2008, 2010, 2011 y 2012.

Kiva, al igual que las otras experiencias referenciadas, no se centra en la víctima y el acosador, sino que trata de incidir y cambiar las normas que rigen el grupo, lo que incluye la participación y corresponsabilidad de los otros alumnos y de los diferentes agentes de la comunidad educativa. Es, por tanto, otro modelo de la Whole Policy.

No se persigue cambiar la actitud de la víctima, para que sea más extrovertida o menos tímida, sino influir en los testigos. Si se consigue que no participen en el acoso, eso hace cambiar la actitud del acosador. El objetivo es concienciar de lo importante de las acciones del grupo y empatizar, defender y apoyar a la víctima.

Los estudiantes reciben una veintena de clases a los 7, 10 y 13 años para reconocer las distintas formas de acoso y mejorar la convivencia. Hay diez lecciones y trabajos que se realizan durante todo el curso académico sobre el respeto a los demás y la empatía. Cuentan con material de apoyo: manuales para el profesor, videojuegos, un entorno virtual y reuniones y charlas con los padres. Incluye también un buzón virtual que permite las denuncias anónimas y favorece la detección precoz de las conductas de acoso. KiVa establece que los vigilantes del recreo usen chalecos reflectantes para aumentar su visibilidad y para recordar a los alumnos que su tarea es ser responsables de la seguridad de todos.

En cada colegio hay un equipo KiVa, formado por tres adultos que se ponen a trabajar en cuanto tienen conocimiento de un caso de acoso escolar o *ciberbullying* en el centro. Primero actúan como filtro, para reconocer si es un acoso sistemático o algo puntual. Después se reúnen con la víctima para darle apoyo, ayudarla y tranquilizarla. También hablan con los acosadores para que sean conscientes de sus acciones y las cambien.

Los docentes de KiVa se entrevistan con el o los acosadores, la víctima y a cuantos alumnos crean conveniente citar; sopesan en qué momento es mejor comunicar la situación a los padres y hacen un seguimiento del caso. Generalmente, tras la entrevista donde el acosador es apercibido, deja de hacerlo salvo casos excepcionales. El grupo contra el acoso se compone de maestros que el propio director suele elegir, teniendo en cuenta sus cualificaciones universitarias en temas relacionados con la violencia escolar o estudios de comportamiento de grupos, entre otras disciplinas.

El programa se desarrolla en tres etapas de la vida escolar: a los 7, a los 10 y a los 13 años. El inicio precoz se justifica por el objetivo preventivo centrado en la mejora de la convivencia y articulado a la calidad educativa y el rendimiento escolar.

Restablecer el marco simbólico

Todas estas experiencias comparten algunas claves comunes. Buscan incidir en la escena del acoso para deconstruir la lógica del silencio que la rige. Ponen su foco en el grupo, en aquellos que ocupan el lugar de espectadores y de ésta manera sostienen, a veces sin saberlo, el drama del acoso. Si antaño era el maestro el que encarnaba y hacía presentes las coordenadas simbólicas que permitían a cada uno situarse y encontrar su lugar, ahora vemos cómo la desorientación puede empujar a falsas salidas como la crueldad propia del *bullying*.

Estos programas tratan de restablecer ese marco simbólico ofreciendo a cada uno un lugar y una responsabilidad: todos vigilantes. Este reconocimiento produce un efecto de pertenencia y de cohesión grupal que neutraliza las respuestas individuales, el sálvese quien pueda. Nadie queda al margen ni puede proclamarse como ajeno a la nueva escena de la transparencia y la visibilidad. Para ello, no son necesarios protocolos de intervención directa, sino más bien programas preventivos como los analizados, que trabajan a partir de conductas de baja intensidad para así evitar que vayan a más.

Los resultados son, en general, altamente positivos en lo que se refiere a las conductas propias del acoso escolar. Mencionaremos aquí algunas de las dificultades o límites que plantean, aparte de los ya mencionados anteriormente.

La principal dificultad estriba en las resistencias de algunos directores a la puesta en marcha de estos programas. Sus razones aluden a tres temores: denuncias penales, amonestaciones administrativas (inspección escolar) y huida de alumnos hacia otros centros más seguros. Es sabido que una de las variables más importante en la elección de centro, por parte de los padres, es la seguridad que ofrece. Seguridad establecida a partir de indicadores de conflictos y violencia (gamberrismo, *bullying*, peleas). El deseo de preservar una imagen «protegida» del centro impide a algunos equipos docentes la implementación de programas que pueden despertar sospechas en los futuros padres de alumnos.

La otra dificultad tiene que ver, no tanto con los programas y con sus resultados, sino con sus efectos «colaterales». La violencia no es un accidente del ser humano y del lazo social, es una respuesta fallida a un conflicto que vehicula la tensión inherente al sujeto y a la sociedad en la que vive. Freud se refirió a esto con su concepto de la pulsión de muerte para indicar que la palabra y su universo simbólico no bastaban para absorber ese conflicto constitutivo del sujeto y de su vínculo con el otro. La palabra regula y frena esa satisfacción que desborda al ser hablante, pero el empuje superyoico, al que nos referimos antes al hablar del imperativo del «¡goza!», nos empuja a buscar el malestar más que el bien. Lacan llamó a eso el goce.

El drama de la Primera Guerra Mundial, que dio al traste con la felicidad del mundo de ayer que tan bien nos recordó Stefan Zweig (2012), le sirvió a Freud para leer en las neurosis traumáticas de muchos de los combatientes esa pulsión de muerte, velada por los ideales victorianos. No siempre queremos el bien, a veces nos esforzamos denodadamente para buscarnos la ruina: consumos, conductas de riesgo, accidentes de tráfico, hábitos poco saludables, violencias varias.

Reconocer la existencia de esa pulsión es la primera condición para poder limitar su poder destructivo, aceptando entonces que nuestro objetivo no será la erradicación (imposible) de la violencia, sino su delimitación. Conocemos muchas experiencias (Losseff-Tillmanns, 1997) que muestran cómo las pretendidas políticas de erradicación de la violencia no hacen sino desplazar ésta a otras escenas más ocultas o desviadas del foco mediático.

La violencia necesita encontrar un destino, vehicular esa tensión, y para ello históricamente se han creado rituales como tratamiento de lo pulsional del sujeto. Lo constatamos en muchos ritos festivos, donde servía de colofón, animada por el consumo de tóxicos, de muchas fiestas populares. Allí, los jóvenes, tolerados y animados por el orden social adulto, libraban sus cuerpos al combate. Todo ello dentro de un ritual que incluía las coordenadas simbólicas en las que esos actos violentos cobraban sentido. Hoy en día los campos de fútbol son una buena muestra de esa escena de violencia ritualizada que procura un destino a la pulsión de muerte.[14]

Lacan (1985) hablaba del odio sólido para mostrar cómo su fin no es otro sino el de reducir al sujeto a un desecho, a un puro objeto de rechazo. ¿Dónde queda pues eso pulsional que los programas preventivos desplazan de las conductas de acoso? ¿Cómo canalizan los alumnos su sadismo y crueldad cuando el nuevo orden simbólico, promovido por los planes de convivencia, coarta las manifestaciones de acoso? ¿Cómo podemos intervenir desde la red profesional para limitar los daños de esa falsa salida?

---

14 Las peleas entre barrios (*contradas*) en la fiesta del Palio de Siena o los enfrentamientos verbales entre aficiones en el estadio son ejemplos de esta violencia que busca una salida «protocolizada» a lo pulsional de cada sujeto.

IX
Los «deberes» de la escuela y de la red profesional

«A decir verdad, no es obligatorio que el hombre sea educado, ya que él realiza su educación solo. De una manera u otra, se educa. Hace falta que aprenda algo, que sude la gota gorda, y los educadores son personas que creen poder ayudarlo. Piensan incluso que hay un mínimo que dar para que los hombres sean hombres, y que esto pasa por la educación. No están en absoluto errados: se necesita, en efecto, cierta educación para que los hombres lleguen a soportarse entre sí.»

Jacques Lacan. *El triunfo de la religión*

«En la clase del señor Germain, sentían por primera vez que existían y que eran objeto de la más alta consideración: se los juzgaba dignos de descubrir el mundo. Más aún, el maestro no se dedicaba solamente a enseñarles lo que le pagaban para que enseñara: los acogía con simplicidad en su vida personal, la vivía con ellos contándoles su infancia y la historia de otros niños que había conocido, les exponía sus propios puntos de vista, no sus ideas, pues siendo, por ejemplo, anticlerical como muchos de sus colegas, nunca decía en clase una sola palabra contra la religión ni contra nada de lo que podía ser objeto de una elección o de una convicción, y en cambio condenaba con la mayor energía lo que no admitía discusión: el robo, la delación, la indelicadeza, la suciedad.»

Albert Camus. *El primer hombre*

Estos interrogantes con los que finalizábamos el capítulo anterior, y para los que no tenemos una respuesta definitiva, nos hacen plantear algunas hipótesis. Aquello que la vigilancia colectiva y la autovigilancia de los centinelas escolares pone a cielo abierto se refugia en otras opacidades. Intuimos dos destinos: la autoagresión como retorno de la violencia reprimida hacia uno mismo y la heteroagresión que busca otros objetivos.

La autoagresión la podemos observar en conductas como consumos abusivos o conductas de riesgo donde el cuerpo es «mal-tratado» para calmar la angustia y acallarlo. La heteroagresión busca otros chivos expiatorios, una vez que el acosado ha desaparecido de la escena. Estos nuevos objetivos pueden ser la propia institución que sufre actos vandálicos, a veces fuera del horario escolar. También el comedor escolar, como lugar donde ese marco simbólico flojea por la ausencia de los docentes, o los alrededores del centro donde se organizan peleas entre bandas o grupos de alumnos del mismo centro o de otros.

Este desplazamiento de la violencia hacia nuevos escenarios no resta valor ni eficacia a los programas de mejora de la convivencia escolar y, por tanto, de prevención del *bullying*. La señalamos sólo para mostrar, junto a sus posibilidades, también los límites, y de esta manera evitar la tentación de caer en la ilusión de que habría una fórmula mágica para erradicar la violencia.

Las violencias escolares requieren, en su abordaje, de fórmulas como las mencionadas que ayuden a encauzarla limitando así sus peores efectos, siendo conscientes que dejarán restos, ya que el *bullying* —y cualquier otra manifestación violenta— es un síntoma y no una finalidad en sí misma. Es un síntoma de un impasse de lo simbólico para dominar lo real. En el caso del acoso, como hemos insistido a lo largo del libro, se trata del *impasse* que el nuevo real del cuerpo sexuado produce en el adolescente.

Kant comienza su libro *Pedagogía* diciendo que el hombre es el único animal que necesita ser educado. Con todo, y a sabiendas que no se puede educar todo, mejor no olvidar que la educación pone los cauces para aprovechar esas preciosas fuentes de fuerza que son las pulsionales infantiles, como dice Freud.

Esa intención educativa guió a Jean-Baptiste de La Salle, que tuvo una intuición fecunda sobre las necesidades de los púberes (Grosrichard, 1981). Para ello, creó una gran variedad de dispositivos de enseñanza. Su idea era que todos los desordenes, sobre todo los vividos por los pobres y los artesanos, vienen de ordinario del hecho de haber abandonado los cuerpos púberes a su propia dirección infantil. Es preciso entonces que personas formadas sustituyan a los padres y las madres para instruir los cuerpos de los niños, tanto en una vida cristiana como en los misterios de la religión.

Su libro *Les regles de la bienséance et de la civilité chrétienne* fue un libro sobre el decoro y la urbanidad que triunfó en la Europa del siglo XVIII. Las cuatro reglas básicas de la educación encuentran su asentamiento en la urbanidad que enseña el hermano maestro. Es una urbanidad que compone el cuerpo del niño. El aprendizaje de la lectura, la escritura, o el cálculo se logra dentro del decoro y el corsé corporal que procura la gloria de Dios y la salvación de cada uno. Así también ocurre con el hacer en el obrar y la conducta. La urbanidad es un saber que no se transmite, actúa, y para ello no hay que jugar con el niño o animar su creatividad.

La furia educativa del señor de La Salle comparte virtudes con el preceptor del *Emilio* de Jean-Jacques Rousseau, quien apuesta por una urbanidad universal, también opuesta al espíritu mundano, que borra la naturaleza del cuerpo y que si es preciso se convierte en la fuerza de una ley dura e inexorable. Ambos deletrean la llave maestra de los cuerpos infantiles al inicio de la metamorfosis de la pubertad hacia la edad adulta.

Hoy en día, lo que antaño se llamó Urbanidad se ha disuelto en las materias de ciudadanía en la comunidad educativa, no sin antes haber encontrado momentos álgidos de contestación como los que desempeñó el movimiento libre educativo, representado de manera canónica por la escuela de Summerhill.

Summerhill surgió como la contraexperiencia de la escuela tradicional. Es una escuela antiautoritaria, convencida de la bondad natural de los seres humanos. Su máxima aspiración educativa se centra en la búsqueda de la felicidad propia, posible en un régimen de libertad corporal y sexual. Además, destaca la importancia dada al juego y a las actividades artísticas y creativas, como el teatro o la danza. Y hay materias que desaparecen por completo, como la religión.

Es obvio que Summerhill, en cierta manera, ha inspirado experiencias educativas singulares de la escuela activa, pero no se ha generalizado. Su valor de contraexperiencia ocupa un lugar en los estudios de pedagogía y poco más.

Entre la nostalgia de la escuela autoritaria de La Salle y la experiencia débil de Summerhill la pregunta que surge es: ¿qué seguir inventando para que los imperativos del cuerpo sean educados sin que la persona del alumno sufra consecuencias negativas por represión o por desamparo? Hoy la figura del adolescente ya no se liga al mundo escolar como antaño. Su representación aparece cada vez más ligada a formas ajenas a la cultura académica clásica: grafitis, rap, blogs, hip-hop...

¿Cómo hacer para que la educación del cuerpo no promueva el desvanecimiento del deseo del niño de hacerse adulto y mantener su curiosidad por saber sobre lo extraño? ¿Qué es lo que puede sustituir en la escuela de ciudadanos a la urbanidad autoritaria o su negligencia?

A día de hoy, la autoridad difícilmente se puede generar únicamente a partir de la renuncia. Nuestro sistema de vida ligado al capitalismo pulsional (Berenguer, 2015) va en contra de la renuncia y la represión, como vimos anteriormente. La coalescencia del mercado, con su oferta ilimitada de satisfacciones inmediatas, vía el consumo y el cientificismo (falsa ciencia), han dinamitado las fuentes tradicionales de la autoridad, que descansaban en el saber del maestro o del líder (padre, político, cura).

Hoy se trata de generar una nueva autoridad, como ya insistimos a lo largo del libro, que parta de esta falta inicial de garantía (no hay un saber universal y prestablecido), la cual nos obliga a inventar las soluciones y sobre todo a ser capaces de transmitir el deseo que funda esa autoridad auténtica.

Ni los ideales morales del señor de la Salle ni el *laissez faire* naif de Summerhill nos ayudan en esta tarea de reinventar el vínculo educativo (Tizio, 2003). La realidad familiar y educativa es que hemos dejado solos, con esa propuesta de autogestión emocional, a los niños y adolescentes. Solos con su cuerpo y con los objetos (*gadgets*) que los consuelan.

El *bullying* se nos ha mostrado como una falsa salida a los *impasses* de la pubertad y como uno de los síntomas de la crisis educativa. La tentación que observamos, sobre todo en algunas propuestas de autorregulación emocional, es el redoblamiento de ese abandono, ese dejarlos solos cuyas consecuencias son evidentes: deserción y en ocasiones violencia.[1]

---

1 La idea de que los chicos y chicas podrían autorregularse, sin el acompañamiento del adulto, implica un yo fuerte con determinación, como las propuestas de Amy Chua en su *best seller*

Los «deberes» de la escuela y de la red profesional

Es interesante observar cómo, desde hace un tiempo, los adolescentes de nuestro país se interesan cada vez más por todo tipo de artes marciales y boxeo. Ellos lo explican como una manera de practicar un deporte y aprender esa autodefensa frente a situaciones de acoso que pueden darse en el ámbito escolar o en la calle. La orfandad en la que muchos se sienten cuando inician la secundaria les anima a ello. Aquí el temor se focaliza en los iguales, los compañeros que pueden acosarles en la escuela o en la discoteca, golpearles o robarles el móvil o la ropa.[2]

Junto a este abandono hay también propuestas de regulación vía el fármaco. La explosión del TDAH, como diagnóstico *princeps* de la infancia (Ubieto, 2014) es sin duda una muestra. Como dijo el historiador de la medicina, Zimmerman, cuando le preguntaron cómo la escuela había encontrado una respuesta para restablecer la disciplina después del 68: «La ritalina, psicoestimulante prescrito para los diagnosticados de hiperactividad».

Nuestra propuesta apunta a la necesidad de construir un discurso educativo que conserve el valor de la herencia cultural que hemos heredado, y que brinde un lugar a la subjetividad del alumno para que pueda incluirse entre los otros y consentir a ser educado. Conscientes, desde Kant y Freud, de lo imposible de la educación (imposibilidad aquí quiere decir que no todo es educable y que no hay un manual de instrucciones que permitiría responder automáticamente), nos queda el deseo y la invención como herramientas de ese acompañamiento educativo al que nos hemos referido en varias ocasiones.

Es un hecho que los educadores heredan la transferencia de los alumnos hacia sus padres y que esto les da un poder si saben utilizarla bien. Un poder

---

Himno de la batalla de la madre tigre, donde pide a sus hijos que se autorregulen. El éxito fulgurante de estas iniciativas de Aprendizaje Socio Emocional (SEL), que tratan de hacer del niño un buen alumno, un buen ciudadano y un buen trabajador poco inclinado al vicio, nos deben alertar sobre su tesis implícita: la prevención como fórmula mágica y el sustrato moral que las anima. Quizás por ello la Fundación NOVO (http://novofoundation.org/), dirigida por el hijo del multimillonario Warren Buffet, invierte filantrópicamente en el SEL como filosofía de vida basada en la obediencia.

2 No se trata de criminalizar estas prácticas, sino más bien de confiar en que una vez formalizadas sobre reglas de juego, permitirán dar un destino menos individualista y más cooperativo a una agresividad, ineliminable, ya que es constitutiva del sujeto humano.

que no debe buscar la sumisión carismática, y para ello deben reenviar siempre al alumno a su propia solución, acompañarle sin ahorrarle su trabajo de elaboración.

A las propuestas ya mencionadas anteriormente de Alain (1967), añadamos la de Heidegger (1994), que nos da una buena pista con su concepto de Serenidad (*Gelassenheit*). Cuando analiza, de manera crítica, el mundo técnico, constata sus virtudes y sus límites. Propone entonces una fórmula que incluye el Sí y el No al mismo tiempo. No se trata, dice, de rechazar el entonces radiante progreso científico, sino de «dar el *sí* a la ineludible utilización de los objetos técnicos, y podemos a la vez decir *no* en cuanto les prohibimos que exclusivamente nos planteen exigencias, nos deformen, nos confundan y por último nos devasten». Añade, además, que la serenidad ante las cosas va junto a la apertura al misterio, virtudes que sólo podrían surgir de «un pensamiento asiduo y vigoroso» capaz de abrir nuevos horizontes al ser.

Eric Laurent (2004) hace una lectura de este texto de Heidegger que nos permite captar cómo esa nueva autoridad no debe apoyarse en los ideales universales sino más bien en el punto de apoyo que cada uno toma en su síntoma particular. Eso no quiere decir que renunciemos a los ideales, básicos en la tarea educativa, sino que esos ideales no están cerrados y deben renovarse, y sobre todo, que cada uno debe hacerlos suyos y testimoniar también de sus *impasses*, de eso que los ideales no alcanzan a resolver. Testimoniar quiere decir mostrar en los actos, en las prácticas y en los textos otro saber, distinto del conocimiento académico, un «saber hacer» con su síntoma y con la vida, un estilo a transmitir.

Una viñeta clínica nos permitirá explicitar esta idea de apoyarse en el síntoma. Ignacio, atendido en un dispositivo asistencial público, es un joven practicante del *parkour* que desafía con sus piruetas el inestable equilibrio de una «normalidad» social y académica. Fue remitido por la escuela con 10 años por apedrear a un gato tras una dura pelea con un compañero, y ante el temor de que eso fuera el presagio de una futura psicopatía. Efectivamente, él apunta en sus actos a la división del Otro, buscando esa satisfacción que se insinúa en la mueca de susto del profesor o del compañero que le ven maniobrar continuamente con reptiles de todo tipo y tamaño. Luego, ya adolescente, la angustia aparece en los rostros de algunos paseantes que los miran cuando hacen sus arriesgadas piruetas en el parque.

La conversación regular con el analista le ha permitido trazar un recorrido que va desde su inicial presentación sintomática, en la que proliferaban las manifestaciones autodestructivas (retorno de la agresividad en el cuerpo: tics, encopresis) hasta la invención de nuevos lazos sociales, como es la creación de un juego en equipo, consistente en diseñar un «pasaje del terror» en los aledaños de la escuela, a modo de entretenimiento colectivo. Posteriormente, creará un grupo de practicantes y estudiosos del *parkour*, con asistencia a encuentros internacionales de jóvenes.

En este trayecto, la transferencia le ha permitido un *saber hacer* con eso que favorece el vínculo social, repercute en sus aprendizajes y limita ese goce a punto de desbordarse en el acto. Dejar en suspenso, al inicio, ese pronóstico de psicópata abrió la posibilidad, para él, de inventar un nuevo decir para ese real pulsional. Ahora, junto al uso más regulado del espacio urbano, ha encontrado también otro territorio virtual, las webs para jóvenes creadores, donde encuentra destinatarios para sus producciones fotográficas o en vídeo.

La cuestión interesante que nos muestra este caso es ver cómo cada cual usa los objetos a su alcance para ese trabajo de nominación, de hacerse un nombre con su goce particular.

Cuando hablábamos de la feminización del mundo actual nos referíamos a una nueva lógica que no rechaza la falta que nos constituye, que no la oculta tras el narcisismo y que pone en primer plano la singularidad de lo que cojea para cada uno, pero también de sus invenciones sintomáticas.

Hoy la escuela y la red de profesionales que se ocupan de la infancia y la adolescencia tienen que ser capaces de decir sí a las invenciones sintomáticas de los alumnos, a lo más vivo de su lengua también, y al tiempo decir no a su subordinación, a las exigencias pulsionales de carácter autodestructivo, a lo que los desborda. Decir sí es poner en valor esas soluciones singulares, aun siendo conscientes de sus limitaciones, evitando así la estigmatización que produce el enfatizar y clasificar sus déficits. Cuando el sentimiento de ser un cero a la izquierda predomina, alimenta las respuestas persecutorias y violentas, como el propio *bullying*.

BULLYING

El fracaso no es un problema si sabemos tomarlo como un impasse a elaborar y evitar así que termine por estigmatizar al alumno/a nombrándolo como fracasado irremediable (Lacadée, 2013). Hoy hay ya diversos proyectos en curso que parten de esta idea de apoyarse en las invenciones sintomáticas de cada adolescente, en ese presentimiento que los anima a vivir la vida y hacerse un lugar en ella. Proyectos, muchos de ellos como ADOJO (Adolescentes + Jóvenes),[3] que toman como pretexto educativo la mirada y la voz como objetos privilegiados para los adolescentes, a partir de los cuales poner en valor sus creaciones singulares.[4]

Proyectos que hacen de la conversación con los adolescentes un lugar donde buscar nuevos lazos y decir ese malestar con nuevas palabras.[5] Hacer trabajar esa lengua provocativa, sin rechazarla de entrada. Tomarla como una creación que al ponerla en circulación puede, de rebote, hacerles trabajar a ellos mismos, ya que la lengua atraviesa, como hemos visto, su cuerpo y sus sensaciones. Esta conversación es también un trabajo de traducción de esa lengua provocativa y extranjera que trata de desconocer el vínculo que cada adolescente mantiene con el otro y que le permite así encontrar un lugar propio. Claro que esa conversación exige del adolescente su consentimiento a perder algo de esa satisfacción inmediata y acoger el saber del otro y de su propia investigación. La escuela no es sino el medio de abrir el mundo mental del egocentrismo infantil, demasiado fijado a las exigencias pulsionales y a su narcisismo.

---

3   Véase: E. Azaña, I. Pérez y J. R. Ubieto, «ADOJO (A+J). Del dèficit a la invenció», pendiente de publicación en el Butlletí d'Inf@ncia. Generalitat de Catalunya. http://dixit.gencat.cat/ca/detalls/Article/Butlleti_infancia_articles_2015

4   Una muestra del trabajo realizado en el proyecto ADOJO se puede encontrar en http://vidarealjovenes.blogspot.com.es; en http://www.bocanord.cat/2015/07/20/documental-el-barrio-mio/ o en: https://vimeo.com/133752488. Consultado el 31/07/2015.

5   Un ejemplo de esta conversación puede consultarse en el documental «Adolescentes del siglo XXI: vidas ejemplares», http://www.ciimu.org/index.php?limitstart=9&lang=es. Consultado el 31/07/2015.

X
Conclusiones y recomendaciones

Es legítimo preguntarse, como hace Campelo (2015), si el uso de la palabra *bullying* ha permitido que estos casos sean más visibles y por tanto hayan favorecido la intervención de un adulto que puede incidir en su disminución. O si por el contrario, el «soy *bullying*» puede representar una categoría del ser que da privilegios, fijando una problemática y alimentándola. Cabe preguntarse sobre los efectos de esta nominación en la subjetividad y en el lazo social, en el modo en que nos representamos al otro y nos relacionamos con él.

La judicialización de la vida familiar es hoy un hecho en nuestras sociedades occidentales, donde asuntos íntimos (discusiones de pareja, rupturas de convivencia, desobediencias de los hijos), que hasta hace poco se resolvían en el ámbito familiar o como mucho con la mediación de profesionales de la educación o la psicología, hoy son ya asuntos judiciales con denuncias por ambas partes.

Esta judicialización caracteriza también a los diversos dispositivos a través de los cuales nuestra sociedad procura abordar el *bullying*, de allí que numerosos países dispongan, como veíamos antes, de una legislación «*antibullying*». Un rasgo recurrente —recuerda Campelo— es la denuncia y el castigo por las vías judiciales a los estudiantes y/o a las autoridades «que no adopten las medidas correctivas, pedagógicas o disciplinarias». Equiparar el abuso sexual de un adulto con el acoso entre iguales, como hacen muchas de estas legislaciones, «criminalizan a la infancia a la vez que banalizan el concepto de derechos humanos» (Campelo, 2015).

Una lectura reduccionista del fenómeno, como sería la legalista, implica dar consistencia a esta figura del otro amenazante, cuyo resorte analizábamos en el capítulo «¡Todos víctimas!» Ante el difuminado del adulto, los chicos/as se sienten indefensos por la impunidad del acosador: cualquiera entonces puede ser víctima y la lógica horizontal y especular se impone.¹

Lo vemos en diversas producciones culturales como: *Bully*, un videojuego conocido entre los adolescentes, la serie de la MTV *Bully Beatdown*, un ring de boxeo donde se vengan quienes han sido «víctimas», o la campaña de la Cartoon Netwoork, «Nerds de hoy serán tus jefes mañana», en la que niños que hoy son acosados amenazan a quienes en el futuro serán sus subordinados.

Este enfoque alarmista del *bullying* tiene también su apoyo en el interés mediático, muy pendiente de aquellos casos que terminan en un paso al acto suicida. No hay que olvidar que el psicólogo noruego y pionero en la investigación del acoso escolar, Olweus (2006), inicia su obra *Conductas de acoso y amenaza entre escolares* refiriéndose a las «historias aparecidas en la prensa». Entre ellas, la sucedida en Noruega, en 1982, en la que tres chicos se habían suicidado «con toda probabilidad como consecuencia del grave acoso al que les sometían sus compañeros».

Ese hecho influyó en la inclusión de los signos del acoso en el DSM-III,² y lo ha vuelto a hacer ahora con la actualización del DSM-V. En el año 2012 y, en pleno debate del DSM-V, finalmente publicado en el 2013, la cobertura mediática del suicidio de un niño instala el *bullying* en la agenda mediática, pedagógica y social. El parecido con el tratamiento del tema treinta años atrás no puede dejar de sorprendernos y debe alertarnos de la reducción del *bullying* a un asunto de orden público e impacto social, olvidando la realidad singular de cada uno de los casos en los que lo encontramos.

En el libro hemos querido alejarnos del enfoque alarmista, que nombraría cualquier manifestación violenta como *bullying*, e insistir en esta dimensión

---

1   Es llamativo el creciente interés de los adolescentes por practicar todo tipo de artes marciales y/o boxeo, como si esa habilidad los resguardará de una posible amenaza u hostilidad de los iguales.

2   El Manual diagnóstico y estadístico de los trastornos mentales (en inglés Diagnostic and Statistical Manual of Mental Disorders, DSM) de la Asociación Estadounidense de Psiquiatría (en inglés, American Psychiatric Association o APA) contiene una clasificación de los trastornos mentales y proporciona descripciones de las categorías diagnósticas.

Conclusiones y recomendaciones

del acoso como síntoma de ese tránsito adolescente, donde el cuerpo surge como el nuevo *partenaire* del sujeto, y eso perturba la subjetividad de cada uno de los chicos y chicas. El acoso aparece así como una falsa salida de ese *impasse*, manipulando el cuerpo del otro bajo formas diversas: ninguneo, agresión, exclusión, injuria. Se apunta así a sustraer aquello que cada uno tiene de singular y que por eso mismo «desentona» e interroga a cada uno sobre su propio proceso de ser hombre o mujer, a la vez que sobre su modo de lazo social y de inscripción simbólica en ese nuevo mundo que sucede a la adolescencia.

Esta tensión se desarrolla, como en un serial, en la escena del acoso donde las subjetividades de cada uno y el *pathos* (sufrimiento) asociado emergen. Los lugares se diferencian (acosador, acosado, testigos) pero pueden ser ocupados indistintamente por unos u otros. Cada uno desde su posición fantasmática y su singularidad, mostrando que esa «solución» sintomática tiene un valor distinto para cada cual y no sirven pues los análisis homogeneizantes.

Abordar el acoso, como hemos visto, implica acompañar a esos adolescentes en su delicada transición, y para ello hace falta la palabra, y sobre todo poner el cuerpo, estar allí para dar testimonio, como adultos, de lo que para cada uno supuso ese tránsito, de sus dificultades y también de sus invenciones. Estar allí es abrir los ojos, y por eso la recomendación primera y principal es que haya una detección precoz, que alguien se dé cuenta de lo que está pasando. En este «darse cuenta» no sólo se trata de escuchar lo que los chicos pueden contar, sino atender a las muestras del sufrimiento: soledad, problemas de sueño, tristeza, temores, comportamientos regresivos.

El impacto del acoso por Internet suele ser un punto de inflexión en el tratamiento y agravamiento del tema para la familia. Redimensiona el problema. Para los padres no siempre resulta fácil enterarse de las cosas que pueden decir o mostrar los chicos y chicas por Internet.

Abrir los ojos es también transmitir que el centro reconoce el problema, toma posición y plantea acciones para atajarlo. Este reconocimiento es de suma importancia para la familia y para el niño/a, y las personas que se identifican como claves dentro del centro son la dirección del centro y el tutor.

BULLYING

Actuar entonces implica no tanto las respuestas punitivas (necesarias en ocasiones para frenar el acoso) sino procurar la empatía entre los alumnos, ayudarles a pensar cómo se debe sentir el chico/a que recibe ese trato de rechazo, hostigamiento, aislamiento. Ayudarles a alcanzar un saber hacer para descompletar la extraña pareja y tomar posición uno por uno sin sucumbir a la presión del grupo. Eso incluye ocuparse también por supuesto del acosador, darle la oportunidad para aprender de lo ocurrido. Ese abordaje requiere de la participación de otros profesionales, diferentes al profesorado, y en el marco de un trabajo en red colaborativo que ayuden tanto a los chicos como a los padres (Almirall, 2012).

También los padres y madres, a través de la implicación de las AMPAS o bajo otras fórmulas, pueden ayudar a movilizar la posición de los otros padres ante lo que pasa con un chico que está siendo hostigado. La posición de los hermanos merece especial atención, ya que ellos se ven también afectados, más aún si comparten el mismo centro escolar. Trabajar con ellos sus respuestas (a veces de minimización del problema o de alianzas con el hermano) puede ayudar a fortalecer las respuestas del acosado.

Constatamos cómo el cambio de centro es la alternativa más frecuente que los padres eligen, pero este cambio debe contemplar el tiempo subjetivo del chico, contar con él para dar ese paso. Más allá de la protección y el amparo que el chico puede necesitar, está su capacidad de pensar, proponer, decidir qué le pasa, qué desea, qué necesita, qué le conviene. Es importante que un chico, antes de cambiar de centro, salga más reforzado en el sentido de que se ha reconocido lo que ha vivido y se han hecho acciones para apoyarlo.

También las denuncias merecen una reflexión. Se plantean cuando ha fracasado el entendimiento y la confianza de la familia con el centro («yo era una persona *non grata* para el colegio», dice una madre que interpuso denuncia contra otros alumnos del cole de su hija), o bien cuando se denuncia directamente a los menores por comportamientos que suelen tener que ver con acosos extraordinarios fuera del ámbito escolar (redes, calle...).

Otra recomendación es conseguir la complicidad entre familia y escuela, que si ya es importante de forma general en la tarea educativa, más aún cuando estalla la crisis del fenómeno *bullying*. Contrariamente, la descalificación

Conclusiones y recomendaciones

entre adultos (padres contra profesores y viceversa) es la mejor garantía de fracaso en el abordaje del conflicto entre los hijos/alumnos.

Los programas de mejora de la convivencia, algunos de los cuales hemos analizado, son una buena muestra de cómo restablecer un marco simbólico, de cómo tejer una red en el centro escolar con la participación y corresponsabilidad de todos, incluidos los adultos. Eso permite que cada adolescente encuentre un lugar y se oriente en la salida del túnel freudiano sin tener que recurrir al chivo expiatorio de la víctima del acoso.

Al tiempo hemos podido observar las limitaciones de aquellos enfoques preventivos que se plantean el ideal de «evitar a toda costa que ocurra», cuando de hecho sabemos que la particularidad de cada caso sólo se puede proteger, pero difícilmente evitar. Es por ello que insistimos, sin olvidar las tareas y programas preventivos, en el apoyo y el acompañamiento a través de la conversación con los alumnos por parte del profesorado.

La pulsión de muerte, siempre presente en cada ser hablante y en los lazos sociales que establece, nos advierte del estatuto de la violencia como algo intrínseco al sujeto y a la sociedad. Su abordaje siempre deja un resto no absorbible que se desplaza hacia otros objetivos. Limitar sus efectos más nocivos es ya un modo de tratamiento posible al que no debemos renunciar, de allí los beneficios que estos programas aportan. Las otras manifestaciones de la violencia escolar nos advierten de esos otros destinos a los que deberemos también estar atentos.

Concluimos, pues, poniendo de nuevo el énfasis en la subjetividad acosada como la verdadera diana de esta crueldad. Ello nos permite otra lectura del *bullying* más amplia y más compleja. Nos permite ir más allá del fenómeno y de sus signos (conductas) para captar lo esencial en juego: esa singularidad, lo más íntimo de cada uno, que se acosa y que por ello no debería dejar indiferente a nadie: alumnos, padres y docentes. La dignidad de la imagen humana es algo muy importante a preservar en las respuestas al acoso.

Esperamos, pues, que nuestras aportaciones nos ayuden a comprender el fenómeno del acoso escolar y a acompañar estos trayectos a adolescentes —y a sus familias— con sus avances e *impasses*.

Bibliografía

Alain, É. C. (1967). *Propos sur l'éducation*, PUF, París.
Alberdi, I. (2007). *Los hombres jóvenes y la paternidad*, Fundación BBVA, Bilbao.
Almirall, R., Diaz, J., Dot, M., Moya, J.,Ramírez, L. y Ubieto, J. R. (2012). «Informe d'avaluació dels costos i beneficis del model Interxarxes. Estudi valoratiu de l'experiència del programa Interxarxes (2000-2010)», Ajuntament de Barcelona. Dte. Horta-Guinardó, Barcelona. Traducción castellana disponible. Consultado el 28/5/2015, http://www.interxarxes.net
Álvarez, M. (2015). «Sobre la dignidad de las víctimas. Palabra y silencio», *Revista Consecuencias* nº 15, mayo. Consultado el 28/5/2015, http://www.revconsecuencias.com.ar/ediciones/015/template.php?file=arts/Derivaciones/Sobre-la-dignidad-de-las-victimas.html
Arendt, H. (2003). «La crisis de la educación», en *Entre el pasado y el futuro. Ocho ejercicios sobre la reflexión política*, Península, Barcelona.
Avilés, J. M. (2009). «Victimización percibida y *Bullying*. Factores diferenciales entre víctimas», *Boletín de Psicología*, nº 95, marzo de 2009, págs. 7-28.
Bárcena, F., Melich, J. C. (2000). *La educación como acontecimiento ético: natalidad, narración y hospitalidad*, Paidós Ibérica, Barcelona.
Bartholomew, K., Horowitz, L. M. (1991). «Attachment styles among young adults: A test of a four category model», *Journal of Personality and Social Psychology*, nº 61, págs. 226-244
Bassols, M. (2014). «Victimología». Consultado el 28/5/2015, http://miquelbassols.blogspot.com.es/2014/11/victimologia.html
Bauman, Z., Dessal, G. (2014). *El retorno del péndulo*, FCE, Madrid.
Bellon, J. P., Gardette, B. (2010). *Harcèlement et brimades entre élèves*, Fabert, París.
Berenguer, E. (2015). «¿Qué autoridad hoy?», intervención en las jornadas del CIIMU, *Familias del siglo XXI: renovarse o morir*, 22 de abril, Barcelona. Consultado el 28/7/2015, http://enricberenguer.blogspot.com.es/2015/04/que-autoridad-hoy.html

Bonnaud, H. (2015), «La face haineuse du harcelement scolaire», en *Lacan Quotidien* n° 482, 25 de febrero. Consultado el 23/6/2015, http://www.lacanquotidien.fr/blog/2015/02/lacan-quotidien-n-482/

Bradshaw, C. (2015). «Translating Research to Practice in Bullying Prevention», en *American Psychologist* vol. 70, n° 4, mayo-junio, págs. 322-332. APA. Consultado el 23/9/2015, http://www.apa.org/pubs/journals/special/4017005.aspx

Brignoni, S. (2015). «Crisis desde el cuerpo», en *Blog ELP Crisis*. Consultado el 18/7/2015, http://crisis.jornadaselp.com/textos/crisis-desde-el-cuerpo/

Briole, G. (2015). «Le pharmakos au XXIe siècle», en *Lacan Quotidien*, n° 517. 19 de junio de 2015. Consultado el 23/6/2015, http://www.lacanquotidien.fr/blog/2015/06/lacan-quotidien-n-517/ [trad. cast. en: http://ampblog2006.blogspot.com.es/2015/07/lacan-cotidiano-el-pharmakos-del-siglo.html?spref=fb].

Bruckner, P. (2002). *La tentación de la inocencia*, Anagrama, Barcelona.

Campelo, C. (2015). «*Bullying*, criminalización y patologización de la infancia», en *Revista Consecuencias*, n° 15. Consultado el 28/5/2015, http://www.revconsecuencias.com.ar/ediciones/012/template.php?file=arts%2FVariaciones%2FSobre-los-dispositivos-de-la-epoca.html

Coccoz, V. (2006). «Acerca de los semblantes sexuales». Consultado el 28/5/2015, http://blog.elp.org.es/all/cat23/acerca_de_los_semblantes_sexuales_por_vi/

Collell, J., Escudé, C. (2004), «Maltractament entre alumnes: necessitat d'una aproximació no culpabilizadora», en *Àmbits de Psicopedagogia*, n° 14, págs. 12-15.

Cornell, D., Limber, S. (2015). «Law and policy on the concept of bullying at school», en *American Psychologist* vol. 70, n° 4, mayo-junio, págs. 333-343. APA. Consultado el 23/9/2015, http://www.apa.org/pubs/journals/special/4017005.aspx

Cottet, S. (2008). «El sexo débil de los adolescentes: sexo-máquina y mitología del corazón», en *Revista Virtualia* n° 17. Consultado el 14/05/2015, http://virtualia.eol.org.ar/017/default.asp?dossier/cottet.html

Fernández, L. (2013). *La chica zombie*, Seix Barral, Barcelona.

Fernández Martorell, C. (2008). *El aula desierta: la experiencia educativa en el contexto de la economía global*, Plaza editores, Barcelona.

Foucault, M. (2007). *El nacimiento de la biopolítica. Curso en el Collège de France (1978-79)*, FCE, Buenos Aires.

Freud, S. (1976). «Pegan a un niño» (1919), en *Obras completas*, tomo XVII, Amorrortu, Buenos Aires.

— (1981). «El malestar en la cultura», en *Obras Completas* tomo VIII, Biblioteca Nueva, Madrid.

Bibliografía

— (1981a). «Tres ensayos de Teoría sexual» (1905), en *Obras completas*, vol. IV, Biblioteca Nueva, Madrid.
— (1981b). «Contribuciones al simposio sobre el suicidio» (1910), en *Obras completas*, vol. V, Biblioteca Nueva, Madrid.
González, A., Gómez, I. (2013). «El Programa TEI: tutoría entre iguales», en *Aula de Secundaria*, n° 005, noviembre-diciembre.
González, A., «Tutoría entre iguales. Programa de convivencia escolar. Prevención de la violencia». Consultado el 28/5/2015, http://www.noalacoso.org/TEI.pdf
Goodman, N. (1990). *Maneras de hacer mundos*, Visor, Madrid.
Grosrichard, A. (1981). «El santo pedagogo», en *Revista de psicoanálisis Ornicar?*, n° 2, marzo de 1975, Petrel, Barcelona.
Heidegger, M. (1994). *Serenidad*, Ediciones del Serbal, Barcelona.
Kojève, A. (1996). «Sagan: El último mundo nuevo», en *Descartes* n° 14, BBAA-Fundación Descartes.
Lacan, J. (1967). *El Seminario. Libro 14. La lógica del fantasma* (1966-67). Inédito. Una transcripción en castellano se puede consultar en http://es.slideshare.net/djalma-argollo/17-lacan-seminario-14-17957536
— (1971). «El estadio del espejo como formador de la función del yo (*je*)» en *Escritos* vol. I, Siglo XXI, México.
— (1971a). «El tiempo lógico y el aserto de certidumbre anticipada. Un nuevo sofisma», en *Escritos* vol. I, Siglo XXI, México.
— (1975). «Ideas directivas para un congreso sobre la sexualidad femenina», en *Escritos* vol. II, Siglo XXI, Madrid.
— (1985). *El Seminario. Libro 20. Aún* (1972-73), Paidós, Buenos Aires.
— (1987). *El Seminario. Libro 11. Los cuatro conceptos fundamentales del psicoanálisis*, Paidós, Buenos Aires.
— (1994). *El Seminario. Libro 4. La relación de objeto* (1956-57), Paidós, Barcelona.
— (2006). *El Seminario. Libro 23. El sinthome* (1975-76), Paidós, Buenos Aires.
— (2012). «Prefacio a "El despertar de la primavera"», en *Otros escritos*, Paidós, Buenos Aires.
— (2012). «Los complejos familiares en la formación del individuo», en *Otros escritos*, BBAA-Paidós.
— (2014). *El Seminario. Libro 6. El deseo y su interpretación* (1958-59), Paidós, Barcelona.
Lacadée, P. (2010). *El despertar y el exilio*, Gredos, Barcelona.
— (2013). *La vraie vie a l'école*, Michèle, París.

Laurent, E. (2004). «La sociedad del síntoma», *Revista Lacaniana de Psicoanálisis*, n° 2, BBAA-EOL.
— (2011). *El sentimiento delirante de la vida*, Diva, Buenos Aires.
— (2014). «La crisis post-DSM y el psicoanálisis», en *Freudiana* n° 72, págs. 23-40.
— (2014a). «L'inconscient, c'est la politique, aujourd'hui», en *Lacan Quotidien*, n° 518, 23 de junio de 2015. Consultado el 23/9/2015, http://www.lacanquotidien.fr/blog/wp-content/uploads/2015/06/LQ-518.pdf
Losseff-Tillmanns, G. (1997). «Media y violencia», en *Políticas sociales en Europa*, n° 1, Hacer editorial, Barcelona.
Magaz, Ana M. *et al.* «Estilos de apego y acoso entre iguales en adolescentes», en *Revista de Psicopatología y Psicología Clínica*, vol. 16, n° 3, págs. 207-221, 2011.
Martinez, R. (IP) (2008). *Violència, Internet i escoles. Normativització de la vida corrent lligada a la difusió de vídeos amb pràctiques agressives a Internet.* Investigación competitiva Secretaria General de la Joventut de la Generalitat de Catalunya.
Matet, J. D. (2015). «¡Víctima! ¿Cómo escapar?», presentación de PIPOL 7. Consultado el 28/5/2015, http://www.europsychoanalysis.eu/site/page/en/6/en/pipol_7#article-box-264
McDougall, P., Vaillancourt, T. (2015). «Long-Term Adult Outcomes of Peer Victimization in Childhood and Adolescence Pathways to Adjustment and Maladjustment», en *American Psychologist*, vol. 70, n° 4, mayo-junio, págs.. 300-310. APA. Consultado el 23/9/2015, http://www.apa.org/pubs/journals/special/4017005.aspx
Miller, J. A. (1996). «Buenos días, sabiduría», en *Colofón*, n° 14, abril.
— (2006). «Las buenas noticias del progreso», en *El libro blanco del psicoanálisis*, Gredos, Barcelona.
— (2008). «La crisis financiera», en *El semanario Marianne.* Consultado el 28/5/2015, http://blog.elp.org.es/all/cat17/la_crisis_financiera_jacques_alain_mille/
— (2011). *Donc La lógica de la cura*, Paidós, Buenos Aires.
— (2014). «El inconsciente y el cuerpo hablante», en *Freudiana*, n° 72, págs. 7-22, Barcelona.
— (2015). «L'objet sans maitre», en *Lacan Quotidien*, n° 510, 21 de mayo de 2015. Consultado el 23/6/2015.
Moliné, N., Rodoreda, D., González, A. (2015). «Programa TEI: tutoria entre iguals», en *Butlletí d'inf@ncia*, n° 87, junio. Consultado el 2/07/2015, http://benestar.gencat.cat/ca/detalls/Butlleti/07Butlleti_87

Bibliografía

Musil, R. (1984). *Las tribulaciones del estudiante Törless*, Seix Barral, Barcelona.
Olweus, D. (2006). *Conductas de acoso y amenaza entre escolares*, Morata, Madrid.
Ortega, R. (2010). *Agresividad injustificada, Bullying y Violencia escolar*, Alianza, Madrid.
Parazelli, M., Dessureault, S. (2010). «Prévention précoce. Nouvelles gestion publique et figures d'autorité», en *Les politiques socials*, n° 1 y 2, págs. 13-26, UQAM, Montreal.
Peteiro, J. (2010). *El autoritarismo científico*, Miguel Gómez, Málaga.
Platón, (1980). *La República o El Estado*, Austral, Madrid.
Ramírez, L. (2008). «La desorientación de los padres», *Ponencia VII Jornadas de la ELP*, Barcelona. Consultado el 28/5/2015, http://www.interxarxes.net/pdfs/2011/desorientacion_padres.pdf
Recalcati, M. (2014). *El complejo de Telémaco. Padres e hijos tras el ocaso del progenitor*, Anagrama, Barcelona.
Rodkin, P., Espelage, D., Hanish, L. (2015). «A Relational Framework for Understanding Bullying Developmental Antecedents and Outcomes», en *American Psychologist*, vol. 70, n° 4, págs. 311-321. APA. Consultado el 23/9/2015, http://www.apa.org/pubs/journals/special/4017005.aspx
Rodrigo, M. J., Máiquez, Mª L., Martín Quintana, J. C. (2010). *Parentalidad positiva y políticas locales de apoyo a las familias*, FEMP, Madrid.
Save the Children. (2014). *Acoso escolar y ciberacoso: propuestas para la acción*. Consultado el 28/5/2015, http://www.savethechildren.es/ver_doc.php?id=191&ref=acoso-escolar
Tizio, H. (coord.) (2003). *Reinventar el vínculo educativo. Aportaciones de la pedagogía social y del psicoanálisis*, Gedisa, Barcelona.
— (2014). «El declive del padre», en *Tiresias*. Consultado el 28/5/2015, http://jornadaselp.com/el-declive-del-padre/
Ubieto, J. R. (2011). «Violencias escolares», en M. Goldenberg (coord.) *Violencia en las escuelas*, Grama, Buenos Aires.
— (2012). *La construcción del caso en el trabajo en red. Teoría y práctica*, EdiUOC, Barcelona.
— (2014). *TDAH. Hablar con el cuerpo*, EdiUOC, Barcelona.
— (2015). «Sexo y capitalismo. La nueva erótica digital», en *La Vanguardia, Cultura (s)*, edición del 11 de julio de 2015. Consultado el 21/7/2015, http://joseramonubieto.blogspot.com.es/

Van Gennep, A. (2008). *Los ritos de paso*, Alianza, Madrid.
Vila-Sanjuán, S. (2014). *El club de la escalera (Teatro contra el bullying)*, Plataforma editorial, Barcelona.
Wajcman, G. (2011). *El ojo absoluto*, Manantial, Buenos Aires.
— (2012). *Les experts. La police des morts*, PUF, París.
Winicott, D. (1964). «La juventud no dormirá», en *Obras Completas*. Consultado el 28/5/2015, http://www.psicoanalisis.org/winnicott/nodorm.htm
Zebrowski, C. (2015). «Des élèves sentinelles contre le harcèlement scolaire», en *Pipol News*. Consultado el 28/5/2015, http://www.pipolnews.eu/little-pipol/des-eleves-sentinelles-contre-le-harcelement-scolaire-par-claire-zebrowski/
Zweig, S. (2012). *El mundo de ayer. Memorias de un europeo*, Acantilado, Barcelona.